A TÁBUA DE ESMERALDA
e a pequena renascença de Jorge Ben

Paulo da Costa e Silva

A TÁBUA DE ESMERALDA

e a pequena renascença de Jorge Ben

Cobogó

SUMÁRIO

Sobre a coleção **O LIVRO DO DISCO** — 7

Introdução — 9

1. A pequena renascença de Jorge Ben — 15
2. Duas matrizes — 35
3. Paracelso e a perfeição tropical — 57
4. Jorge e os tropicalistas — 75
5. Jorge e a coragem — 95
6. Zumbi — 115

Bibliografia básica — 129

Sobre a coleção O LIVRO DO DISCO

A coleção O Livro do Disco foi lançada em 2014, pela Cobogó, para apresentar aos leitores reflexões musicais distintas sobre álbuns que foram, e são, essenciais na nossa formação cultural e, claro, afetiva. Inspirada inicialmente pela série norte-americana 33 1/3, da qual publicamos traduções fundamentais, O Livro do Disco hoje tem uma cara própria, oferecendo ao público livros originais sobre música brasileira que revelam a pluralidade e a riqueza da nossa produção.

A cada título lançado, o leitor é convidado a mergulhar na história de discos que quebraram barreiras, abriram caminhos e definiram paradigmas. A seleção de álbuns e artistas muitas vezes foge do cânone esperado. Isso se dá, sobretudo, devido à formação diversa dos autores: críticos, músicos, pesquisadores, produtores e jornalistas que abordam suas obras favoritas de maneira livre, cada um a seu modo — e com isso produzem um rico e vasto mosaico que nos mostra a genialidade e a inventividade encontradas na sonoridade e nas ideias de artistas do Brasil e do mundo.

O Livro do Disco é para os fãs de música, mas é também para quem deseja um contato mais aprofundado, porém acessível, com o contexto e os personagens centrais de trabalhos que marcaram a história da música. Em tempos de audição fragmentada e acesso à música via plataformas de *streaming*, (re)encontrar esses discos em sua totalidade é uma forma de escutar o muito que eles têm a dizer sobre o nosso tempo. Escolha seu Livro do Disco e se deixe embalar, faixa a faixa, por sons e histórias que moldaram — e seguem moldando — nossas vidas.

Introdução

Foi *A Tábua de Esmeralda* que me deu a chave de acesso para o universo de Jorge Ben. Até então eu o conhecia de modo apenas superficial. Na minha cabeça ele ocupava um confortável lugar no segundo time entre os grandes de sua geração — bem atrás de Chico, Caetano, Gil, Milton... Um artista interessante, meio esquisito, mas com surpreendente potencial de propagação e grande vocação para o sucesso. Foi quando ouvi, por acaso, a versão original de "Cinco minutos", última faixa do *Tábua*, que eu já conhecia bem na gravação feita por Marisa Monte, mas que não me lembrava de ter ouvido na voz de Ben. Eu estava em meio a uma roda de amigos e lembro que a canção solicitou imediatamente a minha atenção. Acontece com relativa frequência de grandes obras de arte atravessarem nossas vidas sem que haja um verdadeiro encontro, como se ainda não estivéssemos prontos para elas. Ali acontecia o contrário: pela primeira vez eu entrava em sintonia com a música de Jorge Ben. Numa espécie de epifania, fui arremessado por ela. Tudo, absolutamente tudo na gravação soava contemporâneo. O timbre do violão de náilon tocado de forma despojada, livre, com um ritmo meio solto, quase capenga; a estranha sonoridade de uma sequência harmônica que, reforçada pelo desenho melódico contínuo do acompanhamento de cordas, deriva sua força mais do movimento circular do que da dinâmica tonal; a voz algo ordinária, de rua, voz de não cantor, repleta de ruídos e chiados, erguendo-se em inesperados falsetes com ares de improviso; a atmosfera inteira da canção, com a massa sonora perfeitamente integrada na entidade física da voz e do violão de Ben, e tudo se desenvolvendo com natural fluidez. Aquilo pertencia ao eterno presente das obras-primas. Tendo sido gravada quase duas décadas antes, ela permanecia mais jovem, mais intensa e vital do que a versão de Marisa Monte (lançada no álbum *Mais*, de 1991). Na gravação de Ben os "Cinco minutos" de que fala a canção pareciam realmente uma questão de vida ou morte. Possuía tamanha concentração de força que através dela sentíamos realmente "quanto vale cinco minutos na vida".

Levou menos do que cinco minutos para que eu criasse uma conexão com o universo de *A Tábua de Esmeralda*. Comecei a ouvir repetidamente o álbum. Algumas canções que eu já conhecia por alto foram reintegradas ao contexto do disco, sendo escutadas em uma nova chave. Outras, tive o prazer de descobrir pela primeira vez. À medida que eu imergia no álbum, ficava cada vez mais fascinado por Jorge Ben. Fascinado pela misteriosa riqueza de seu imaginário, repleto de alquimistas, filosofias, malandros, santos, musas de nomes esquisitos, heróis e mitos; pelo manejo relaxado da matéria musical; pela singularidade de seu estilo, e, sobretudo, pelo vigor emanado por sua música. Poucos artistas transbordam tanta energia vital quanto Jorge Ben. E essa energia necessariamente produz alegria, tendo ele próprio em algumas ocasiões se gabado de nunca ter feito uma música triste. Quanto mais eu ouvia Jorge Ben, mais eu percebia que sua música é capaz de induzir a um determinado estado de espírito: um estado de plenitude e força, capaz de inspirar uma atitude altiva perante a vida. Não por acaso sua lira é recheada de incríveis heróis, obstinados e orgulhosos guerreiros. Seja qual for o tema tratado em suas canções, parece haver sempre uma voz de fundo, meio gaiata, gritando surdamente, "me gusta mucho viver!", como no final de "Jazz Potatoes". Jorge parece ser a síntese perfeita daquela "unidade de *trovador*, *cavaleiro* e *espírito livre*", que Nietzsche usou para descrever a maravilhosa cultura dos trovadores Provençais — esses longínquos ancestrais da canção, que começaram a cultivar nos castelos da Europa do século XII uma nova forma de poesia cantada, toda ela impregnada pelo refinamento, pela elevação e pelo profundo amor da vida que perpassa o *espírito cortês*.

Começou a ficar claro para mim que Jorge Ben está entre os nossos maiores artistas da canção. *A Tábua de Esmeralda* marca um ponto alto em sua carreira. Musicalmente ele já vinha dando sinais de ter entrado em uma nova fase artística desde seu LP de 1967, *O Bidú: silêncio no Brooklin*. Assimilando livremente os elementos da música pop daquele período, do rock e do soul, ele condensou ainda mais seu estilo. No violão e na voz, se aproximou consideravelmente da música negra americana. Os arranjos acompanharam tal movimento. Passou a trabalhar com pouquíssimos acordes, amparados por um forte impulso rítmico, ferindo as cordas com suingados golpes de palheta. As letras ficaram mais longas, livres e delirantes; lúdicas e imagéticas. Jorge parecia retomar cada vez mais o caminho da música modal, do samba de roda e do blues, dispondo de uma base simplíssima, com extrema flexibilidade. E essa flexibilidade caía como uma luva para suas "redações cantadas" — letras que você simplesmente não entende como podem ter sido musicadas. Ao mesmo tempo, muitas vezes ele dispunha os acordes e os acentos rítmicos de maneira assimétrica, de modo a estruturar as canções em torno de frases rítmicas *contramétricas* (que juntam grupamentos binários e ternários em um mesmo ciclo), capazes de produzir no ouvinte uma forte sensação de balanço. A meu ver, a plena maturidade dessa fase *setentista*, com seus ajustes finos, foi alcançada no disco *Ben*, de 1972. O álbum trazia a um só tempo uma refinada coesão dos elementos musicais — como se finalmente Jorge tivesse "encontrado" o melhor jeito de trabalhar sua musicalidade no estúdio — e a máxima destreza no ofício de compositor. Constituía, em suma, o momento máximo na realização de um estilo singular. A força da pegada rítmica e a aspereza do canto eram amortecidas por uma ambiência acústica que continha o timbre mais suave das cordas de náilon do seu violão, os ruídos da palheta roçando nelas, as batidas de fundo do seu tamanco no chão, marcando o batimento central de cada canção... É o álbum de "O circo chegou", "Que nega é essa?", "Domingo 23", "As rosas eram todas amarelas", "Taj Mahal" — em versão sem letra, funcionando qual um mantra minimalista — e de tantas outras canções infinitamente inesquecíveis (não há como falar das músicas dele sem colocar um pouco de exagero na linguagem). Jorge estava no topo: tocava e cantava com grande desenvoltura; compunha com intenso vigor e liberdade criativa; havia encontrado o seu "som" específico.

O passo seguinte seria um disco dedicado a um tema que, desde a adolescência, lhe era caro: a filosofia hermética. Foi a presença desse inusitado núcleo poético (que serviu como eixo conceitual do álbum) que diferenciou decisivamente *A Tábua de Esmeralda* (1974) do disco anterior, *Ben*. Os alquimistas chegaram em boa hora à música de Jorge. Sua antiga paixão foi exaltada musicalmente pelas hábeis mãos de um feiticeiro em plena forma. Ao mesmo tempo, o álbum aproxima Jorge ainda mais da estética da soul music ao reincorporar a bateria aos arranjos (nos álbuns anteriores, era percussão), fornecendo assim um timbre geral seco e aveludado que remete a grandes nomes do gênero, como James Brown e os Jackson Five. E tudo se articulando em torno da base rítmica de seu violão-tambor e de sua peculiar estilização do samba. O resultado é insuperável.

Este livro traz algumas reflexões sobre o Jorge Ben dos anos 1960-70 — só no final dos anos 1980 ele se tornaria *Ben Jor* —, tendo como epicentro o disco *A Tábua de Esmeralda*. Não se trata de uma anatomia do álbum, focada nos pequenos detalhes de sua história, mas de um conjunto de ensaios que giram ao redor de algumas de suas canções e das questões que elas eventualmente suscitam. Ensaios nos quais abri espaço para a livre concatenação de ideias, porque julguei que a misteriosa figura de Jorge Ben é melhor apreendida quando refletida em outros planos, indiretamente. Uma vez que o tema da alquimia é o grande diferencial do disco em relação aos anteriores, é natural que tenha sido o ponto mais contemplado. Os três primeiros textos dizem respeito ao universo da alquimia, ao suposto medievalismo de Ben, ao contexto mais amplo da volta do misticismo na maré da contracultura do fim dos anos 1960, aos valores que sua música aparentemente emana, ao misterioso "homem da gravata florida". No quarto ensaio avalio brevemente a posição ocupada por ele no quadro geral da música popular brasileira, buscando saber de que modo Gilberto Gil e Caetano Veloso viram em Jorge uma espécie de precursor do movimento tropicalista. No quinto, escrevo sobre o modo como a música de Ben busca inspirar coragem, associando isso a outro núcleo poético fundamental em sua obra: o da negritude. Esse núcleo, por sua vez, recebe uma síntese máxima (e talvez final) na obra-prima "Zumbi", uma das faixas mais impressionantes do *Tábua*, tema do sexto e último ensaio do livro.

Boa parte das informações utilizadas nesses ensaios foram colhidas das entrevistas que realizei para o documentário em áudio *Imbatível ao extremo: assim é Jorge Ben Jor!* (2012), veiculado pela Rádio Batuta, do Instituto Moreira Salles. Recorri também a algumas entrevistas publicadas na internet e a uns poucos e heroicos artigos escritos sobre ele. Quando o assunto é Jorge Ben, quase não há material para consulta. Avesso a entrevistas, sem biografia publicada e pouco contemplado pelos estudiosos da canção, paira sobre ele a mesma aura de mistério que encontramos entre os praticantes da alquimia. Como disse certa vez o crítico Tárik de Souza, "Jorge Ben é um enigma".

1. A pequena renascença de Jorge Ben

"Hermes Trismegisto escreveu / com uma ponta de diamante / em uma lâmina de esmeralda", entoa Jorge Ben na penúltima faixa de *A Tábua de esmeralda*. A seguir, ouvimos quase na íntegra o conjunto de proposições do milenar documento inaugural da alquimia, na tradução feita pelo misterioso Fulcanelli (à exceção da primeira: "é verdade, sem mentira, certo e muito verdadeiro"). Princípios básicos do conhecimento hermético, como o da correspondência, ("o que está no alto / é como o que está embaixo"), e de que todas as coisas derivam de uma única raiz, o éter ("todas as coisas são nascidas / desta única por adaptação"), tornam-se irresistíveis frases melódicas no melhor estilo soul dos anos 1970. Dois anos depois, Jorge musicou novamente o texto na canção "Hermes Trismegisto escreveu", gravada no disco *África Brasil* (1976). Alterou a melodia, a levada, e introduziu, além da primeira proposição do tratado hermético, um prólogo que servia como introdução histórica:

> Há 2.000 anos antes de Cristo, o Faraó Hermes Trismegisto escreveu o maravilhoso tratado hermético com uma ponta de esmeralda, que foi encontrado vários séculos depois pelos soldados de Alexandre, o Grande, na famosa pirâmide de Kinzer. Salve, Hermes Trismegisto que tem as três partes da filosofia universal.

A Tábua de Esmeralda é o mais famoso fragmento escrito atribuído a Hermes Trismegistus, o triplamente extraordinário, mestre de todas as artes e ciências, escriba dos deuses, guardião do Livro da Vida, entidade vista pelos antigos egípcios como a própria encarnação da Mente Universal. Para os egípcios, foi Hermes quem revelou aos homens a medicina, o direito, a astrologia, a filosofia, a música e as demais artes. Seu conhecimento era obtido diretamente dos deuses e das coisas celestiais. Tudo leva a crer que realmente existiu um homem chamado Hermes, celebrado por sua sabedoria e pela destreza na manipulação da natureza, que viveu nas proximidades do longínquo ano de 1.900 a.C. Mas é impossível separar o homem histórico da profusão de relatos que o identificam com o princípio cósmico do pensamento. Na Tábua estava gravado, em caracteres fenícios, o texto que deu origem à alquimia islâmica e ocidental — a ciência oculta dos alquimistas —, baseada em preceitos como a transmutação dos metais inferiores ao ouro e a obtenção do elixir da longa vida. Um pequeno conjunto de 15 proposições, que até hoje mantém a aura de mistério, trazia a síntese de todo o conhecimento hermético. Por séculos os alquimistas encontraram nesse tratado um poder talismânico.

Somente na Idade Média a Tábua de Esmeralda foi traduzida para o latim. Tornou-se *Tabula Smaragdina* e começou a circular no Ocidente. Com as primeiras Cruzadas, no fim do século XI, os mouros introduziram o saber alquímico na Espanha. Logo começaram a surgir os primeiros alquimistas da velha Europa. No século XII, Artephius escreveu *A arte de prolongar a vida humana*. Diz a lenda que, tendo aprendido os segredos da longevidade no livro de Hermes, Artephius viveu por mais de mil anos. Outro alquimista, Pietro d'Apona, nascido em Pádua no ano de 1250, escreveu diversos livros sobre magia e foi finalmente acusado pela Inquisição de possuir nada menos do que sete espíritos, cada um deles guardado num vaso de cristal, e cada um responsável pelo ensinamento de uma das sete artes liberais e das ciências. Morreu torturado. Arnold de Villeneuve, médico e alquimista, também foi acusado de feitiçaria. Seu imenso conhecimento era creditado ao convívio com o diabo. Não chegou a ser capturado, mas teve os livros queimados pela Inquisição. O magnífico Raymond Lully, por sua vez, nasceu em Maiorca, no ano de 1235, e passou a dedicar-se à alquimia depois de uma juventude dissoluta e de uma trágica história de amor. Na Inglaterra, Lully transformou metais ordinários em ouro, gerando uma verdadeira fortuna que tinha por objetivo financiar as Cruzadas. Registros atestam que ele viveu até os 150 anos, quando foi eventualmente assassinado pelos sarracenos na Ásia. Mesmo em idade provecta, diz-se que era capaz de correr e de pular como um jovem rapaz.

Das ilustrações de Nicolas Flamel na capa aos conteúdos de várias de suas canções, um pouco dessas histórias e lendas perpassa o álbum *A Tábua de Esmeralda*. A aura mitológica dos alquimistas e de suas fantásticas vidas fez desde cedo a cabeça do jovem Jorge Ben. Em 1974, essas misteriosas figuras, e toda a filosofia que as acompanha, finalmente entraram para o repertório de seus inesquecíveis personagens musicais. Tornaram-se o eixo conceitual de um disco que logrou uma mistura tão inusitada e misteriosa quanto a própria ciência hermética da antiga alquimia.

É difícil rastrear as influências de Jorge Ben. Gilberto Gil o definiu com a bela imagem de um estuário onde muitos rios se encontram, tamanha a profusão de elementos de matrizes distintas que nele se cruzam, formando um todo orgânico que não chega a apagar totalmente o rastro das origens distintas que o constituem. Ainda mais difícil do que rastrear essas influências é entender o percurso tortuoso através do qual todos os rios se integram com fluência e naturalidade em um único estuário. Jogadores de futebol, malandros, heróis, musas e escroques; samba, rock, funk, filósofos, santos e bandidos; tudo junto e tudo se tornando Jorge Ben. A aparente falta de método do seu processo artístico — com letras que são como verdadeiros "monstros", sustentadas por melodias muitas vezes acidentadas e assimétricas, repletas de ruídos e sujeiras, com palavras sobrepondo-se sem o auxílio de procedimentos poéticos tradicionais, como a rima e o metro, muitas vezes roçando a indefinição da fala — e seu descaso por qualquer princípio de coerência desaguam sobre uma riqueza extraordinária de imagens, provérbios, jogos verbais, e, principalmente, personagens. Jorge é um aedo greco-brasileiro, afro-mediterrâneo, um bardo carioca, de poética urbana e suburbana, apaixonado por personagens e lendas, por objetos estranhos, com algum tipo de qualidade mágica, como "a sopeira de porcelana chinesa que a vovó ganhou da baronesa", ou a "gravata florida de Paracelso".

Jorge Ben poderia ser concebido como um grande imaginário, talvez o maior da música popular brasileira. Ele não é apenas o carioca típico de sua época, tocando guitarra em bailes de iê-iê-iê na Tijuca, jogando futebol de praia em Copacabana, frequentando jogos no Maracanã, tudo a bordo de seu indefectível *fusca*. Não é apenas o músico que ficava acompanhando ao pandeiro a turma do Beco das Garrafas e estudava violão em revistinhas de cifra, tentando imitar João Gilberto. Tudo isso já seria interessante, mas não improvável. E Jorge Ben é, acima de tudo, improvável. Quem poderia imaginar que, ao lado do samba, do futebol e do rock, haveria um vínculo profundo com a alquimia, com os cantos gregorianos e com elementos que se vinculam ao imaginário medieval? *A Tábua de Esmeralda* vai trazer à tona todo esse universo de interesses pouco comuns (para não dizer excêntricos). Do título aos personagens será esse o principal eixo poético do disco.

E aqui é preciso esclarecer que não se trata apenas do fato de que essas figuras do medievo ressoam no imaginário de Jorge Ben, demonstrando sua variedade e riqueza, mas que a tremenda vivacidade desse imaginário parece remeter ao próprio homem medieval. Na Idade Média, escreveu o antropólogo José Carlos Rodrigues, "o imaginário tinha, na vida cotidiana, um lugar que dificilmente alguém com a nossa visão de mundo poderá avaliar. Na existência do medieval, o imaginário tinha uma presença tão intensa e se manifestava de modo tão extremo que, se atuante em uma pessoa dos nossos tempos, certamente a colocaria em um hospício". Trata-se de um imaginário marcado por uma capacidade de crer nas coisas que é desconcertante para o espírito cético de nosso tempo. É como se o inconsciente vivesse livre de qualquer tipo de censura. Em um de seus depoimentos no áudio-documentário *Imbatível ao extremo: assim é Jorge Ben Jor!* (2012), também Caetano Veloso vincula o estilo e o imaginário de Jorge Ben com alguma qualidade propriamente medieval:

> É muito impressionante o modo como funciona a cabeça de Jorge Ben. Ele não parece seguir nenhum método que impeça que as imagens internas venham pra fora. É curioso isso, porque as letras dele são como monstros de letras. Parece que ele escreve sem método, mas aquilo é o método dele. E aquilo também é a necessidade de deixar virem as imagens internas. Aquilo tem um caráter religioso, um pouco junguiano. Tem muito a ver com o modalismo da composição, propriamente musical.

Ele tem um imaginário muito próprio, muito pessoal, tudo que ele menciona fica dentro de uma perspectiva que é dele própria. E essa perspectiva tem um caráter meio medieval.

A atração de Jorge pela cultura medieval provavelmente se deu via liturgia católica, durante o período em que estudou no seminário São José, no bairro carioca do Rio Comprido. Jorge tinha 13 anos de idade. Cantava cantos gregorianos no coral da igreja, lia missas em latim e estudava as proposições de São Tomás de Aquino. O santo foi um dos ganchos para a descoberta da alquimia, ciência oculta que se reveste de um aspecto místico, quase religioso. A alquimia aproxima-se mais da religião do que propriamente da ciência. Está mais concernida na preservação do conhecimento antigo, dos segredos do passado, do que com a descoberta do novo. Ao contrário da ciência moderna, ela é portadora de uma sabedoria de vida, buscando no universo uma dimensão espiritual e superior. Seus aspectos protos-científicos de manipulação da natureza, muitas vezes batizados de "mágica natural", eram apenas parte de um amplo conjunto de valores e diretrizes éticas, de uma sabedoria que englobava a totalidade da existência.

A aura mitológica dos alquimistas e de suas fantásticas histórias fizeram a cabeça de Jorge Ben. Mirava-se nos exemplos deles, enxergando virtudes e ensinamentos a serem seguidos. Passou a cultivar uma relação *real* com o universo da alquimia, identificando-se com aqueles personagens e extraindo deles, a seu modo, modelos de conduta. Na verdade, os alquimistas integravam um dos arquétipos favoritos de Ben: o dos heróis — capazes de simbolizar virtudes, diretrizes éticas, ensinamentos de vida, e de exaltar valores que perpassam a sua lira épica. Para seguir as aspirações mais íntimas e levar adiante os ousados experimentos na busca da transmutação dos metais e do prolongamento da vida, os alquimistas não raro desafiaram as normas da poderosa Igreja medieval. Muitos arderam nas fogueiras da Inquisição, sob acusação de feitiçaria e de pacto com o diabo. Por esse motivo, tornaram-se "discretos e silenciosos"; passaram a "morar bem longe dos homens", evitando cuidadosamente "qualquer relação com pessoas de temperamento sórdido". Como verdadeiros heróis, atingiam seus objetivos não mediante a força bruta, mas porque eram "pacientes, assíduos e perseverantes". Numa entrevista concedida em 2007, Jorge expôs com clareza o modo como os alquimistas lhe serviam de exemplo de conduta:

> Musicalmente tem sido muito bom. A "espirituosidade" de ter aquela hora de compor, aquela tenacidade, sagacidade, perseverança... Saber que aquilo vai dar certo sem ter que passar por cima de ninguém. E sempre sair ileso das coisas que estão te atazanando. Os livros de alquimia me ensinaram isso. O próprio Nicolas Flamel, um alquimista francês famoso do século XIV, já tinha essa sagacidade. Ele só conseguiu achar a Pedra Angular depois de 30 anos de estudo e não desistiu.

Há outro aspecto a ser ressaltado na relação de Jorge com a alquimia: é que o próprio termo "alquimia" passa a ser usado por ele como metáfora para um procedimento musical de mistura. No fabuloso vídeo em que Ben apresenta *A Tábua de Esmeralda* no programa *Fantástico*, da rede Globo, gravado no ano de lançamento do álbum, ele diz: "No meu novo disco, que tem por título *A Tábua de Esmeralda*, que foi onde começou toda a alquimia, eu faço nele uma *alquimia musical*." Jorge aparece vestido com roupas de um cavalheiro renascentista, cercado por figuras de magos que executam experimentos coloridos e borbulhantes em tubos de ensaio, enquanto bailarinas executam uma dança de corte. A ideia de uma "alquimia musical" iluminava sua incrível capacidade de combinar elementos das mais diversas proveniências, sempre alcançando uma síntese, uma unidade que não implicava, contudo, numa perda de caráter das partes que a constituem. É nesse sentido que Gil fala da música de Jorge como sendo aquela "que mantém elementos mais nítidos da complexidade negra na formação da música brasileira". Ouvindo com atenção, notamos que as matrizes podem ser reconhecidas. O próprio Gil dá algumas pistas:

> Modos musicais diferentes vieram para o Brasil através de várias nações africanas. Jorge assume o que veio do norte da África, o muçulmano, como elemento básico do seu trabalho. Ele não gosta de perder a perspectiva primitivista, não deixa de se ligar no gege, ketu, iorubá. Mas ele tem um outro lado que inclui o moderno.[1]

Coloque-se no meio disso, portanto, o blues, o rock'n'roll de Chuck Berry e de Little Richard, a bossa nova de João Gilberto e as melodias modais do canto gregoriano — Jorge chegou a dizer que sua preferência por compor músicas em modo menor veio da experiência no seminário.[2] São muitas e muito desbaratadas as referências que estão na base do seu estilo. Juntas, contudo, essas matrizes participam de um conjunto orgânico

---

[1] Essa entrevista de Gilberto Gil pode ser lida no site oficial de Jorge Ben, na página: http://www.jorgebenjor.com.br/sec_textos.php?language=pt_BR&id=1.
[2] Entrevista para o programa Roda Viva: http://www.rodaviva.fapesp.br/materia/66/entrevistados/jorge_ben_jor_1995.htm.

singular, que produz, por assim dizer, uma entidade *outra*, que não se deixa reduzir a uma mera soma das partes. Trata-se do grande mistério do amálgama, mistério que está no centro tanto do saber alquímico quanto da arte de Jorge Ben.

Em diversas ocasiões a lógica cultural do Brasil foi descrita nesses termos: uma lógica que opera conjuntos dinâmicos, sem que isso necessariamente implique uma fusão, com o apagamento (ou transformação) das partes constituintes. No clássico do pensamento social brasileiro, *Casa-Grande & Senzala*, por exemplo, Gilberto Freyre concebe a mestiçagem como um processo no qual as propriedades singulares de cada um dos povos que participa de nossa formação não chegam a se dissolver para dar lugar a uma nova entidade, síntese das diversas características fundidas em nova unidade separada, original e indivisível. Ao contrário, o mestiço é exaltado pelo escritor pernambucano como alguém que preserva a lembrança das *diferenças* presentes na sua gestação. Seríamos, portanto, uma sociedade radicalmente híbrida, sincrética e quase polifônica — qual a música barroca —, uma sociedade "indefinida entre Europa e África. Nem intransigentemente de uma nem de outra, mas das duas. A influência africana fervendo sob a europeia e dando um acre requeime à vida sexual, à alimentação, à religião; o sangue mouro ou negro correndo por uma grande população brancarana quando não predominando em regiões de gente escura; o ar da África, um ar quente, oleoso, amolecendo nas instituições e formas de cultura as durezas germânicas; corrompendo a rigidez doutrinária da Igreja medieval; tirando os ossos ao cristianismo, ao feudalismo, à arquitetura gótica, à disciplina canônica, ao direito visigótico, ao latim, ao próprio caráter do povo". Ou seja, uma sociedade na qual uma imensa gama de diferenças convive sem que estas sejam aplainadas ou diluídas em homogeneizante unidade.

Nesse sentido, Jorge poderia ser considerado como um dos ápices dessa dinâmica cultural profunda, que se movimenta a partir da energia gerada pela interação de diferenças que não chegam a se anular. Curiosamente essa dinâmica pode ser aproximada do princípio da alquimia. A comparação é feita por Jorge Mautner em *Imbatível ao extremo*:

> Ele [Jorge Ben] é um gênio que durará pra sempre, porque ele representa em ponto máximo a amálgama do Brasil universal. Essa amálgama é a definição que o José Bonifácio de Andrade e Silva deu sobre a cultura brasileira, dizendo: "Ela é diferente de todos os outros povos e culturas, ela é a amálgama, esta amálgama tão difícil de ser feita." Então ele representa isso ao máximo, em nível nacional / internacional. As letras dele não são letras, são pura poesia de uma mitologia que ele reinterpreta incessantemente, porque ele é alquimista. E eu quero lembrar que alquimia não só deu origem à química, mas alquimia é o processo profundo, inclusive, da amálgama. A amálgama que José Bonifácio cita vem da alquimia, em que todos os elementos se misturam mas também, ao mesmo tempo, mantém as suas características.

Por outro lado, o tema da alquimia caía como uma luva para ilustrar o grande sentido de liberdade que marcou a canção brasileira nesse período. Associava-se com perfeição à maré libertária e mística que sobreveio ao grande trauma de 1968. Se o Brasil parecia politicamente enclausurado em um regime ditatorial, havia sede de movimento e de mudança no terreno dos costumes. Sob os gestos hirtos de sisudos generais, uma parcela da juventude exaltava a liberdade individual e a diversidade dos modos, anunciando a renovação dos ares e, quem sabe, a chegada dos simpáticos alquimistas. Estava em voga, no início dos anos 1970, uma onda de interesse pelo misticismo. Para ficar apenas no campo da música brasileira, no mesmo 1974 em que Jorge Ben lançava sua *Tábua de Esmeralda*, Tim Maia converteu-se à seita do Universo em Desencanto e lançou seu clássico LP *Tim Maia Racional*. Exatamente na mesma época, Raul Seixas mostrava-se interessado por magia negra e, baseado nos escritos do ocultista britânico Aleister Crowley, alardeava aos quatro ventos, em parceria com o futuro "mago" Paulo Coelho, a utopia de uma *Sociedade Alternativa*. Todos esses artistas sendo influenciados não apenas pela música popular americana, mas também pelos elementos psicodélicos e místicos que a onda cultural do *New Age* — que ganhou força no início dos anos 1970, com suas previsões da Era astrológica de *Aquarius* — trazia consigo.

Também para Jorge o espírito do momento era de ousadia e experimentação, e o resultado seria um disco com "aquelas letras diferentes" e algumas harmonias renascentistas que ele andava estudando. Recebeu carta branca de André Midani, diretor da gravadora Philips. Com amplos recursos de gravação e um extenso time de músicos (cordas orquestrais, coro feminino), Ben deu início às suas viagens medievalistas. Gravando com a banda inteira em performance conjunta, trouxe um calor e eletricidade raramente sentidos em um disco de estúdio, em faixas que deixam intactas as alegrias da improvisação e do risco. Sentimos nelas a presença espontânea, relaxada e autêntica de Jorge Ben, a emanação contínua de seu mais genuíno ser. Cumpre-se um pouco daquilo que Henry Miller definiu como pressuposto da obra de arte: o registro capaz de conferir "uma dupla ilusão — uma de captura e outra de fluxo. (...) é essa mentira, essa fugidia e metamórfica máscara que é a mais profunda essência da arte". De fato, *A Tábua de Esmeralda* é a um só tempo *fixo* e *movente*. Um disco que consegue reproduzir tecnicamente não apenas faixas gravadas, imobilizadas no espaço-tempo do vinil, mas a própria respiração musical de Jorge Ben. Ele próprio sendo o contrário do artista rígido, o artista do congelamento, do método, que persegue um princípio estático de perfeição, mas alguém que sempre esteve *ancorado no fluxo*. E *A Tábua de Esmeralda* consegue de algum modo captar esse fluxo de vitalidade e movimento que caracteriza a presença de Jorge Ben na música brasileira.

Tal liberdade de movimento pressupõe uma completa imersão no acontecimento musical. É como se a relação com a música não passasse por qualquer instância de controle ou planejamento, mas se efetuasse inteiramente no ato da criação. Jorge é o oposto do método. Ou então possui, como sugeriu Caetano, "um método dele", que escapa inteiramente à compreensão e ao controle — ou seja, um método que é na verdade um *antimétodo*. Um pouco nos "moldes" das imagens que parecem sair de sua cabeça sem qualquer tipo de filtro. Nesse movimento a própria noção de erro é relativizada, os "erros" sendo abrigados e incorporados por uma exuberante musicalidade, assim como deixam de fazer sentido princípios de acabamento e de produto final. A ênfase recai sobre a espontaneidade do movimento imediato, não meditado. Parece haver uma intensa concentração no presente, um estado de total absorção no acontecimento musical. Luiz Tatit sintetizou tudo isso na metáfora futebolística do jogador que bate de primeira na bola. De fato, Jorge chegou a iniciar uma carreira de jogador no time do seu coração, o Flamengo. Mas a carreira foi interrompida pelo alistamento no serviço militar e por uma fratura de perna. "Ficaram as artimanhas da finta canalizadas para a composição", sugere Tatit em um dos poucos textos acadêmicos dedicados ao Babulina (apelido que Jorge ganhou por conta da pronúncia engraçada com que cantava o rock *Bop a lena*), escrito para o livro *O cancionista*. O mais fascinante é a crença do teórico de que algo do *pensamento corporal* produzido pela prática do futebol tenha sido assimilado no artesanato cancional de Jorge Ben:

> Penso que a influência do futebol em Jorge Ben Jor é mais profunda que a sugestão de alguns temas ("Zagueiro", "Camisa 10", "Fio Maravilha"). Jorge compõe como quem bate na bola de primeira. Às vezes faz apenas uma jogada comum, que se completa com outras jogadas e vai adensando sua volumosa produção, toda constituída de recorrências (tabelinhas) de mitos e filosofias.

A percepção de Tatit me parece bastante rica. Como acontece no caso de outros compositores que têm no ritmo o elemento central, a noção de *movimento* é das mais fundamentais na música de Ben. Em geral, ele não está muito preocupado com a criação de climas e atmosferas. Tampouco demonstra qualquer intenção arquitetônica na construção de espaços harmônicos ou de desenhos melódicos bem definidos, planejados, o todo compondo uma equilibrada (e nem por isso menos dramática) catedral musical. Jorge não é arquiteto, como foram, por exemplo, Tom Jobim e Chico Buarque, que chegaram a estudar na faculdade de arquitetura e que pareciam efetivamente "projetar" e "construir" músicas. O caminho percorrido por Ben é outro. Suas canções não possuem projeto, planta baixa. Jorge é movimento. Fluxo. Não à toa Tatit fica espantado ao verificar como nele se dá, quase por um milagre, a passagem da fala (instável e perecível em sua forma sonora) ao canto — ou seja, a *estabilização* frágil desse fluxo.

Ele é capaz de melodizar um roteiro de filme na íntegra sem fazer qualquer adaptação de cunho poético, apenas articulando as inflexões sobre os acentos naturais das palavras (compôs assim "Xica da Silva"). Para esse compositor toda a sequência linguística é passível de melodização. Toda bola pode ir direto ao gol.

Ben é um dos casos mais extremos de compositores que têm por procedimento dominante partir da palavra escrita para a música. E o fato singular é que não há qualquer "preparação" do texto: as palavras simplesmente se transformam em música. A fluência da transição entre a palavra escrita e a palavra aérea, cantada, é comentada por ele mesmo em uma de suas entrevistas: "Na escola, eu sempre escrevi muito. Modéstia à parte, eu sempre fui bom. Escrevia grandes redações, escrevia coisas que eu gostava. E aí depois eu passei a cantarolar essas coisas todas."[3]

Vendo por outro ângulo, talvez seja possível dizer que Jorge Ben é um grande amigo do acaso, do acidente como princípio fundador do ato criativo. O acidente — essa "colaboração do inesperado", "imanente à inércia do processo criador", e que é "plena de possibilidades que não foram solicitadas e que vêm precisamente para flexionar o que há sempre de demasiadamente rigoroso em nossa vontade nua" — na bela formulação do compositor russo Igor Stravinski. O acidente, continua Stravinski, "talvez seja a única coisa que nos inspira". A impressão é de que Jorge Ben habita, justamente, nessa dimensão continuamente aberta para a "colaboração do inesperado". Está mais próximo do trovador (do francês arcaico *troubadour*, literalmente "aquele-que-acha"), do que do compositor (do latim

---

[3] Entrevista para o Roda Viva.

compositor, "aquele que põe em ordem"). Um artista que, talvez mais do que todos os outros, compõe improvisando e improvisa compondo. Pois bater de primeira na bola nada mais é do que integrar o acaso (acidental) e o ato (intencional) em um único e mesmo movimento. A letra de "Os alquimistas estão chegando" é um belo exemplo disso. O refrão institui o porto seguro, o ancoramento modal na repetição. Mas todo o restante da letra transita entre a indefinição da fala e a estabilidade da melodia. Fica claro que são frases escritas que foram musicadas, mas com intensa potência musical. Pense na dificuldade em erguer musicalmente uma sentença tal como "escolhem com carinho a hora e o tempo de seu precioso trabalho". Ou algo do tipo "a semelhança da criatura com Deus é tão imperfeita que não chega a ser o gênero comum. Pois certos nomes que implicam relação de Deus com a criatura, deles se predicam temporariamente e não são eternos...". "Assim falou Santo Tomaz de Aquino" é nada menos do que uma canção sobre a questão 13, artigo 7, da 1ª parte da *Suma Teológica*, gravada no álbum posterior ao *Tábua de Esmeralda*, também baseado no tema da alquimia, o menos conhecido e não menos brilhante *Solta o pavão*, de 1975.

Nas duas canções, e em muitas outras na obra de Ben, está implicada toda uma discussão sobre *precisão* e *congelamento*. A precisão absoluta, cortante, pode ser vista com admiração virtuosística, como prova de domínio sobre determinada técnica, mas tende a matar o fluxo vital das obras de arte. Obras de arte precisam, de algum modo, incorporar a imperfeição, abrir espaços para o imprevisto e para o impreciso. Nesse sentido, e em muitos outros, elas deveriam ser vistas como seres vivos. Algo nelas resiste ao planejamento total, ao puramente matemático ou estritamente geométrico, devendo permanecer em contínua evolução, em perpétua mudança. Como escreveu Fernando

Pessoa: "Pasmamos, adorando, da tensão para o perfeito dos grandes artistas. Amamos a sua aproximação do perfeito, porém a amamos porque *é só aproximação.*" A perfeição tende a gerar um sistema em *stasis*, e o que repousa estático já não é mais vida. Tal contradição aparente foi percebida de modo significativo pelos pintores do Renascimento. Numa época em que a pintura tinha a natureza por modelo, quanto mais precisão ela ambicionava na reprodução do real, quanto mais se empenhava em conferir contorno e nitidez a todos os detalhes, mais artificial se tornava a sua aparência. Estática e sem movimento, com figuras humanas que pareciam bonecos sem vida, congelados no tempo. Quando Leonardo da Vinci esfumaçou os cantos da boca da Mona Lisa, usando a técnica do *sfumatto*, ele demonstrou uma compreensão mais ampla dos procedimentos para recriar a natureza em toda a sua vitalidade, fazendo com que o artista rivalizasse com o próprio Criador. Sabia que era preciso retroceder na ânsia por precisão, definição e clareza, e novamente abriu espaço para trazer um tipo de indefinição que não apenas caracteriza tudo o que é vivo (e que muda continuamente no tempo), mas que é capaz de solicitar a participação do espectador. Com isso, trouxe para a pintura (arte estática) uma qualidade de movimento, uma dinâmica cambiante, realizando a dupla ilusão de captura e de fluxo a que se referiu Henry Miller.

Há, no entanto, um outro tipo de precisão, esta sim, geradora de vida. A precisão que integra todos os processos adaptativos e sistemas naturais. Não há computador ou precisão absoluta que possa nos transmitir a riqueza rítmico-temporal de um João Gilberto ou de um Jorge Ben. A precisão (imensa) com a qual eles trabalham pertence a outro domínio e opõe-se frontalmente ao *congelamento*. Na verdade, é o contrário disso: a precisão só faz sentido quando amplia a noção de movimento, tornando-o mais flexível; quando é plástica, não mecânica. Para um computador, uma máquina, o ritmo, o acontecimento musical, ocorrem no interior de uma grade temporal metrificada. Para um músico, eles ocorrem dentro de uma malha flexível. Há, sim, um ordenamento, mas esse não é estático nem rígido, e jamais pode ser reduzido a algoritmos. A precisão consiste em conseguir esticar os fios da malha sem jamais rompê-la. As canções de Jorge Ben transmitem a sensação de um ordenamento orgânico, que se desenvolve de maneira espiralada e que não pode ser inteiramente prevista, incorporando todas as irregularidades, todas as colaborações do inesperado. Elas parecem reagir ao instante como apenas um ser vivo poderia ser capaz. O texto é uma parede de pedra e a música é a vida vegetal que se esgueira e se conforma no entrelaçamento com a matéria inerte. As formas se condicionam mutuamente, sem que uma apague a memória da outra. É um pouco dessa impressão que *A Tábua de Esmeralda* consegue manter na forma de registro. Nesse sentido, o álbum é uma espécie de retrato em *sfumatto* da musicalidade mirabolante e da precisão imprecisa de Jorge Ben. Com isso, alcançou um dos grandes objetivos da alquimia: o elixir da longa vida, a panaceia universal capaz de manter eternamente a vitalidade, vencendo a velhice e a morte.

Minha impressão é que o próprio Jorge Ben ficou impressionado diante do resultado. Vendo suas ousadias realizando-se de forma tão plena, notou prontamente que estava diante do ponto alto de sua carreira. Até hoje ele se refere a esse disco como o seu favorito. Com o pensamento em harmonias renascentistas, imagens de Nicolas Flamel (1330-1418) na capa, e canções dedicadas a alquimistas como Paracelso (1493-1541), Ben realizou, no interior do campo da canção brasileira, uma "pequena renascença" musical. Na tradicional cronologia histórica, o Ocidente é dividido entre Antiguidade, Idade Média e Modernidade. O Renascimento ocupa a crepuscular zona de transição entre os dois últimos, mesclando marcas do antigo caráter medieval com os traços nascentes (e ainda não inteiramente desenvolvidos) daquilo que seria posteriormente definido como Modernidade. Uma época rica em contradições, que se caracterizou pelo equilíbrio simultâneo e pelas sínteses entre muitos opostos: cristão e pagão, moderno e clássico, secular e sagrado, arte e ciência, ciência e religião, poesia e política. Velhas dicotomias foram compreendidas em uma unidade mais ampla: atividade no mundo convivendo com a contemplação de verdades eternas; devoção ao estado, à família, e ao "eu", correndo ao lado da devoção a Deus e à Igreja; o prazer físico sendo exaltado tanto quanto a felicidade espiritual; e a prosperidade sendo tão valorizada quanto a virtude. No Renascimento, o fascínio e a confiança na tradição conviveram com o impulso de exploração e conhecimento, impulso que muitas vezes voltava-se contra os pressupostos da tradição e que está na base da ciência moderna. Por isso, "longe de desaparecer da Europa com o Renascimento, a alquimia terá seu apogeu durante esse período, desenvolvimento que se prolongará até meados do século XVII". O Renascimento foi a época da descoberta das Américas e da articulação comercial destas com a Europa e a África, movimento impulsionado pela grande empresa escravista. Época em que o Brasil não apenas surge como promessa utópica e realidade problemática, mas se torna um imenso "laboratório" de mestiçagem no Novo Mundo. Com as grandes navegações e os périplos marítimos entre a África e as Américas, "as misturas raciais ganharam uma intensidade e uma amplitude que a espécie humana jamais sonhara experimentar. E é aí que tem início a história biológica contemporânea da humanidade", nas palavras de Antonio Risério. É interesssante pensar como tudo isso ressoa intimamente na poética e na música de Jorge Ben. Não à toa, muitos elementos do *Tábua* remetem a esse período. O curioso é que o movimento de retomada de figuras e acordes da Renascença pulsava em fase com o contexto mais amplo de mudanças que varreram o Ocidente na virada dos anos 1960-70.

2. Duas matrizes

As canções de *A Tábua de Esmeralda* foram compostas numa época que presenciou uma forte maré de misticismo, capaz de fazer retornar tudo aquilo que tinha sido recalcado pelo ceticismo racionalista da cultura oficial — e nisso se incluem as chamadas "ciências ocultas", entre elas a alquimia. Numa entrevista feita assim que o LP foi lançado, o jornalista Luiz Carlos Maciel com muita naturalidade fez a seguinte pergunta a Jorge Ben:

> Quando você diz na música "os alquimistas estão chegando", isto é uma situação imaginária, você simplesmente imaginou um lugar onde os alquimistas estivessem chegando, ou você, de alguma maneira, sentiu que a arte da alquimia está renascendo hoje?

A resposta de Ben é simples e misteriosa:

> Não, as duas coisas eu senti. Na primeira, por eu ter sentido que os alquimistas estão chegando, mesmo, então, eu no meu sonho senti também, e fiz a música sabendo que os alquimistas estão em algum lugar, estão chegando...

Jorge manifesta na resposta uma singela crença no que sonhava e no que sentia. Aquilo também era *real* (sentido e sonhado), não precisava ser comprovado por outros meios. Tamanho prestígio da imaginação marcou decisivamente a virada cultural do período em torno dos anos 1960-70. Um dos slogans das revoltas estudantis de Maio de 68 na França era "a imaginação no poder". Em um nível profundo, "Os alquimistas estão chegando" externava o desejo por um "reencantamento" do mundo, por uma volta do que é mágico e inexplicável, por uma ênfase na dimensão onírica da existência.

Para tentar contextualizar mais amplamente a pequena renascença de Ben, vou pegar carona na tese principal do livro *Cosmopolis: the hidden agenda of modernity* [Cosmópolis: a agenda secreta da modernidade], do historiador americano Stephen Toulmin. Parece ter havido, no Ocidente do fim dos anos 1960, uma reconexão quase súbita com algo que estava adormecido. Toulmin sugere que houve no período uma retomada coletiva de valores que haviam sido progressivamente deixados de lado pela intensificação do racionalismo moderno desde o Renascimento, um certo "revival" de atitudes renascentistas. Para o historiador, a Modernidade teve dois pontos de partida bastante distintos: um *humanista*, baseado na literatura clássica, e outro *científico*, ancorado na filosofia natural do século XVII. Desde o início, essas duas tradições não foram vistas como complementares, mas em constante competição. O que quer que fosse conquistado através das incursões de Galileu, Descartes ou Newton pela filosofia natural, algo também era perdido por conta do abandono da sabedoria de Erasmo e Rabelais, Shakespeare e Montaigne. Há um contraste de base entre as atitudes humanistas de abertura, relaxamento e até atração pelo vulgar — de um saber construído sobre a acumulação de detalhes concretos da experiência prática — e o dogmatismo das ambições de certeza, clareza geométrica e rigor lógico — de um saber fundado nas análises de um núcleo abstrato de conceitos teóricos — que emanavam da vertente científica. Eram dois vetores culturais distintos, que respondiam a conjunturas históricas diferentes: a estabilidade e bonança do Alto Renascimento, no caso do vetor humanista, e a terrível instabilidade de guerras, perseguições religiosas, pestes e desastres ecológicos, que adviria algum tempo depois, no caso do vetor científico. Depois de 1600 o foco da atenção intelectual se desviou das preocupações humanas e da tolerância cética do fim do século XVI e se moveu em direções mais rigorosas, ou mesmo dogmáticas do que aquelas buscadas pelos pensadores do Renascimento.

Começando com Descartes, a agenda do pensamento moderno passou a ser definida por um estilo de filosofia centrado na teoria — apresentando problemas e buscando soluções assentadas sobre princípios atemporais e universais. "Todos os protagonistas da filosofia moderna promoveram a teoria, desvalorizaram a prática e insistiram igualmente na necessidade de achar fundações para o conhecimento que fossem claras, distintas e infalíveis", escreveu Toulmin. O programa cartesiano jogou para escanteio as "sábias" incertezas e hesitações dos humanistas em favor de novos tipos de certezas matemáticas e provas "racionais". Gerou ideais de exatidão intelectual, consagrando a prova geométrica e a incessante busca por certeza. Houve, a partir daí, uma série de ênfases e recuos que foram moldando uma parte considerável da cultura do Ocidente: o deslocamento do oral para o escrito; do particular para o universal; do local para o geral; do temporal para o atemporal.

Descartes justificou a separação das duas "substâncias" do espírito e da matéria. Em sua visão, a natureza seria governada por leis fixas, estabelecidas por Deus no ato da criação, ao passo que a humanidade possuiria *liberdade racional*.

A pressuposição era de que a mente habitava o mundo livre da racionalidade, sem estar, contudo, inteiramente separada de um mundo regido pelo automatismo causal, o mundo da matéria. Desse modo, a mente seria capaz de afetar o corpo e o mundo como se fosse uma força "de fora". Sendo criaturas da razão, a vida humana seria intelectual ou espiritual; como criaturas da emoção, ela seria corporal e carnal. A divisão cartesiana entre mente e corpo se estendeu numa imensa série de oposições outras. O dualismo cartesiano passou a servir como principal elemento definidor do novo enquadramento moderno. Através dele todas as demais partes se conectavam. O mundo medieval, o mundo da amálgama, da cosmovisão dos alquimistas, no qual tudo se fundia, foi sendo aos poucos fragmentado. Categorias que antes se interpenetravam, se tornavam agora oposições irredutíveis, criando separações e contradições inconcebíveis na Idade Média. A integridade do universo medieval era fracionada, dando lugar à lógica do "cada coisa em seu lugar". É a partir de contraposições e dicotomias — entre mundo natural e sobrenatural, verdadeiro e falso, sociedade e indivíduo, sonho e realidade, natureza e cultura — que a vida passou a adquirir sentido e ser organizada. Uma lógica de segregações começou a ditar os princípios que iriam presidir mentalidades e sensibilidades, resultando em nossa ciência, nossa etiqueta, nossa relação com o meio ambiente, e até em nossa postura corporal.

As divisões entre matéria e espírito, causas e razões, natureza e humanidade foram endossadas e continuadas por Isaac Newton, extrapolando a esfera da filosofia natural, passando a ter um papel fundamental no pensamento social e político. A mecânica de Newton passaria a explicar não apenas o movimento dos astros, mas serviria também como metáfora explicativa *par excellence* das dinâmicas sociais na Terra. *Estabilidade* e *hierar-*

quia se tornariam os princípios fundamentais para uma época na qual tudo na ordem natural testemunhava o domínio de Deus sobre a Natureza. Domínio que se estendia sobre o tecido do mundo, natural e humano, em todos os níveis da experiência. Acontece que as divisões criadas pelo pensamento cartesiano traziam em si algum tipo de distinção de valor, desenhando uma hierarquia que era evocada como sendo necessária para manter a estabilidade do sistema. Conforme escreveu George Steiner em 1971, "a linha divisória separava superior e inferior, maior e menor, civilização e primitivismo atrasado, instrução e ignorância, maturidade e imaturidade, homens e mulheres, e em cada caso estava implícita uma distinção de superioridade". É fascinante o argumento do escritor Jacques Attali de que essas mesmas noções de estabilidade e hierarquia encontraram uma contrapartida estética na linguagem da música clássica e na constituição do ambiente das salas de concerto, com um público finalmente silencioso que assiste ao espetáculo no qual a autoridade do maestro dialoga com a organização setorizada da orquestra, tudo concorrendo para a estabilidade do conjunto. A música clássica se baseia em um sistema nitidamente hierárquico de notas e acordes, a partir do qual se encena um complexo jogo de conflitos — dissonâncias — que se resolvem em novos equilíbrios — consonâncias. A própria beleza da música, desse modo, justificaria a existência de uma sociedade burguesa instituída sobre as noções de hierarquia e estabilidade. A música clássica seria capaz de nos fazer acreditar na ordem e na harmonia do mundo, legitimando no mesmo movimento o novo poder burguês.

O importante é conceber como tudo isso se encaixa e se corresponde na imensa teia de relações que forma a visão moderna. Voltemos à divisão inicial de Descartes, entre liberdade racional do espírito e automatismo causal da matéria. Pois bem: enquanto na esfera natural os seres vivos e pensantes influenciavam o movimento de objetos materiais, na esfera social as diferenças de status aparentemente determinavam quem tinha autoridade para controlar as ações dos subalternos. Desse modo, numa espécie de equivalência, Deus estava para a Natureza assim como o Rei estava para o Estado. O Estado-nação moderno era modelado de acordo com o mundo da astronomia: o *Roi Soleil* exercia sua autoridade sobre sucessivos círculos de sujeitos que conheciam seus lugares e mantinham-se restritos às suas órbitas próprias. E o que o Rei era para o Estado, o Marido era para a sua Esposa, o Pai para a sua Família, e o Maestro para a Orquestra. Tudo passava a ser justificado pela ordem da Natureza, e, ao espelhar tal ordem, a autoridade da hierarquia tornava-se autoexplicativa, autojustificada e aparentemente racional. Ordem natural e ordem social obedeciam a um conjunto semelhante de leis. O sistema de ideias sobre a natureza e sobre a humanidade que forneceu os pilares da Modernidade seria tanto um dispositivo científico quanto social e político, capaz de fornecer legitimidade divina à nova ordem política dos modernos estados nacionais.

Em um nível mais profundo esse ordenamento racional viria a repudiar tudo aquilo que nele não se encaixava, tudo aquilo que não podia ser controlado. A emoção, e o corpo por consequência, tornou-se, assim, um dos principais alvos desse modo de pensar. Uma vez que na lógica cartesiana a emoção costuma "frustrar" ou "distorcer" o funcionamento da razão, ela deveria ser desacreditada e restringida, ao passo que a razão deveria ser louvada e encorajada. O elogio da razão e o repúdio da emoção (e do corpo) foram não apenas um dos temas preferenciais de 200 anos de sermões da Igreja, eles foram também a base para uma concepção inteira da educação moral e da ordem social. Toda uma noção de "respeitabilidade" foi erigida a partir de tais pressupostos. O Iluminismo consolidou ainda mais o predomínio e a centralidade da razão lógica, e um extenso período de grande conservadorismo cultural seguiu-se às revoluções do fim do século XVIII e às guerras napoleônicas. Surgia a civilização burguesa, com seu código moral estrito, sufocante, baseado em padrões de comportamento e de pensamento cada vez mais determinados. A apoteose da lógica e da racionalidade formal deitou raízes profundas no Ocidente, e por muito tempo tornou problemático o status dos "sentimentos" e das "emoções". Mesmo o Romantismo do século XIX não chegou a romper com o racionalismo: era apenas uma imagem invertida desse racionalismo, aceitando o dualismo estabelecido no século XVII, mas tomando partido pelo outro lado da balança: o lado das emoções. Foi preciso muito tempo para que se voltasse a dedicar atenção ao universo das emoções. Somente na segunda metade do século XX, mais especificamente nos anos 1960, o anseio longamente reprimido de ultrapassar o dualismo mente-corpo ganhou uma oportunidade histórica para se realizar na sua plenitude. Para que isso acontecesse, no entanto, era necessário mexer nas noções básicas de estabilidade e hierarquia.

Muitos foram os pensadores, cientistas e artistas que ao longo de mais de três séculos colocaram em xeque as premissas da modernidade racionalista inaugurada no século XVII. Foi lento o trabalho de erosão das "certezas" que sustentavam tal ponto de vista. Mas não era apenas uma questão de combater com novas ideias e teorias a fortaleza racionalista. Na ótica de Toulmin era necessário uma oportunidade histórica específica, conjuntural, que permitisse a retomada do vetor humanista da modernidade renascentista — e essa oportunidade veio no fim do século XIX, com a crise da organização baseada em estados nacionais. Ao que tudo indica, houve nesse momento um ensaio de retomada de valores e atitudes renascentistas. As estruturas políticas e sociais da velha Europa perdiam credibilidade e pareciam abrir caminho para uma nova era de moderação política e de tolerância humanista. Virginia Woolf escreveria que "em ou por volta de dezembro de 1910, a natureza humana mudou". Foi a época dos exóticos e arrojados *ballets russes* de Diaghilev; da força tribal de *A sagração da primavera*, de Stravisnky, trazendo o ritmo para o primeiro plano da música de concerto; a época em que Einstein desafiou pressupostos por muito tempo aceitos e incorporados sobre o estatuto absoluto do tempo e do espaço, substituindo o mundo estável e "objetivo" de Newton por outro, mais relativista, formado na relação direta com o observador; a época de uma retomada da teoria de Darwin, que apoiava o emergente campo da genética, e também dos estudos comparativos de antropologia cultural; a época que sentiu na pele o ataque de Freud ao principal alicerce do edifício moderno: a equação cartesiana de um ser humano apoiado sobre a razão.

No entanto, a eclosão da Primeira Guerra Mundial, seguida pela Segunda, fez com que essa retomada, que parecia iminente, fosse adiada por quase cinquenta anos. Tolerância da diversidade, da ambiguidade e da incerteza — marcas da cultura e da retórica da Renascença — foram eclipsadas pelo colapso político e militar que acometeu grande parte do mundo. Rigor formal e busca da exatidão novamente entraram na ordem do dia. Riqueza de sentimentos e de conteúdo tornaram-se outra vez suspeitas. Ou seja, as respostas culturais ao desastre da

Primeira Guerra optaram por um retorno ao formalismo, ao invés de se moverem na direção do humanismo. Em vez de explorar as possibilidades abertas pela demolição do "edifício moderno", tirando proveito das riquezas da história e da antropologia, reintegrando emoção e pensamento, e reconsiderando a posição do ser humano *dentro* da ordem natural (e não destacado dela), intelectuais e artistas, em sua maioria, viraram as costas para tudo isso. As primeiras gerações dos ditos "modernos" se distanciaram do histórico, do concreto e do psicológico, aproximando-se do abstrato e do lógico. A maior parte da *avant garde* europeia resolveu reviver o sonho racionalista da *tabula rasa* e de um retorno aos princípios universais abstratos. Foi somente depois de duas Grandes Guerras em nome dos nacionalismos — e das premissas que sustentavam o mundo "moderno", o estado "moderno" e o pensamento "moderno" —, que novamente se abriu caminho para um questionamento radical dos rumos tomados pelo Ocidente. E não à toa a geração que efetivamente encarnou esse papel foi a geração nascida na aurora do pós-guerra, entre os anos 1940 e 1950: a geração de Jorge Ben e de tantos outros.

A revolução cultural do fim dos anos 1960 seria, portanto, uma revolução que estava "esperando para acontecer". "Mudanças culturais sempre se apoiam sobre diferenças geracionais: o fato distintivo nesse caso foi a profundidade das mudanças envolvidas. A nítida contra cultura dos anos 1960 não foi essencialmente uma cultura jovem: o material intelectual, psicológico e artístico para o novo movimento tinha estado ali por cinquenta anos, esperando por uma geração que enxergasse o ponto e aproveitasse a oportunidade", escreveu Toulmin. E, de fato, uma vez que essa revolução foi iniciada todos os princípios forjados no nascedouro da Modernidade no século XVII passaram a ser reconsiderados em rápida sucessão. Ainda que temas como ecologia e psicoterapia, ciências biomédicas e iniquidades entre os sexos aparentemente nada tivessem a ver, uma vez que os pressupostos e preconceitos incorporados na tradicional visão "moderna" foram caindo, todos eles passaram a ser questionados, alguns de modo irreversível. Era todo um sistema de hierarquias consagradas que implodia. Acabava, para a geração dos anos 1960, a desconfiança e a desvalorização das emoções. Estar em contato com os sentimentos passava a ser um sinal de força e não mais de fraqueza. Nas artes e nas ciências naturais, a guinada para a abstração e para o formalismo racionalista perdiam interesse e charme. Os sistemas atonais de Schoenberg e Webern não mais eram vistos como o "caminho exclusivo para o futuro da música". A figuração voltou ao campo da pintura. E uma série de ataques relativizou as distinções entre "música séria" e "música popular".

Era como se a visão de um mundo dividido em classes, com seu rígido sistema hierárquico, tão constitutivo do Edifício Moderno, tivesse se espalhado também pelos domínios da música e das artes: e agora todas essas divisões eram colocadas em xeque. Da mesma forma que a música popular, antes tida como algo menor, reivindicava agora um lugar entre as "coisas respeitáveis", os anos 1960 também viram uma recondução da política não mais nos termos de objetivos nacionais, mas no sentido de corrigir injustiças naturalizadas pelo modelo de civilização inaugurado no século XVII. O jogo político passa a ser conduzido não mais pelo *consenso nacional*, mas pelo confronto dos interesses de diferentes setores da sociedade civil. Se nos séculos XVIII e XIX as classes altas (composta por gente "respeitável") assumiam que as variadas e numerosas classes baixas (os "desafortunados") não apenas "conheciam o seu lugar" como poderiam ser ali mantidas por pressões sociais de algum tipo, na segunda metade do século XX esse arranjo torna-se cada vez mais movediço. Todas as peças começavam a se mover no tabuleiro. Apesar do pouco que tinham em comum, tanto o movimento negro quanto o feminismo, o movimento gay e todas as demais lutas das minorias uniam-se na oposição contra a rigidez estrutural defendida pela gente "respeitável" como condição necessária para uma ordem social estável. Em pouco tempo boa parte das desigualdades entranhadas nas sociedades modernas passaram a ser combatidas abertamente.

Se dei essa imensa volta histórica foi para reforçar a percepção do contexto no qual Jorge Ben fabulou a sua própria pequena renascença. Tudo isso, creio, tem relevância fundamental na compreensão dos núcleos poéticos contidos em *A Tábua de Esmeralda*. Um deles, absolutamente definidor do artista Jorge Ben, é a luta contra o racismo via afirmação da negritude: a elaboração de uma mitologia povoada por heróis negros e de uma identidade coletiva que não mais respeita os limites nacionais. Esse núcleo (ao qual voltarei mais detalhadamente), anunciado desde os primeiros trabalhos de Ben, aparece com nitidez acabada e grande concentração de beleza em pelo menos duas canções do álbum: na obra-prima "Zumbi" e em "Brother", sintomaticamente composta na língua inglesa. De fato, entre as desigualdades legitimadas pela moldura do mundo moderno (no caso, pelo positivismo científico) nenhuma parecia mais inadmissível do que o racismo institucionalizado. Não à toa, foi uma das primeiras a ser questionada. Primeiramente e com mais força nos Estados Unidos — país no qual existia de fato um racismo institucionalizado — mas ecoando decisivamente no Brasil, onde a movimentação dos negros americanos incentivou uma nova tomada de consciência das relações raciais dentro de nosso contexto específico. Porque outra característica fundamental dos acontecimentos da década de 1960 foi o seu incrível potencial de contágio. Como escreveu o historiador Eric Hobsbawn:

> O que era e é muito mais interessante é que, grandes ou pequenas, as mesmas transformações podem ser identificadas por todo o globo "modernizante". Em parte alguma isso foi mais impressionante que no campo da cultura popular, ou, mais especificamente, jovem.

Jorge Ben passa a atuar no fio da navalha histórica. Torna-se um verdadeiro "para-raio", nas palavras de Caetano Veloso, incorporando em sua figura e em sua música as descomunais forças geradas por uma sociedade em frenético movimento. Como diz Caetano em outro trecho de seu depoimento no documentário *Imbatível ao extremo*:

> Tem uma porção de coisa de classe, de raça, uma porção de coisa que tá se mexendo, e que aparece em figuras como Jorge Ben, e você sente tudo isso aparecendo. Há toda uma premonição do que vai acontecer com a música, como que se diz, produzida nas periferias e nas favelas. Tá acontecendo através dele um movimento real de ascensão de áreas da população que antes não tinham voz, e de quem não se esperava que tivesse. É muita coisa que acontece, o Jorge Ben como figura histórica é muito grande, muito grande.

Como sugere o comentário de Caetano, parece haver algo de visionário no Jorge Ben da virada dos anos 1960-70. Ao dar vazão a um amplo imaginário místico, liberando conteúdos míticos, ele parece atravessado por forças impessoais, como se tivesse acesso, para novamente usar um termo de Jung, ao *inconsciente coletivo*, deixando-se guiar pelos desejos latentes de seu tempo. Torna-se o condutor de anseios que lutam para ganhar forma e encontrar uma expressão simbólica adequada. Podemos tomar de empréstimo algumas palavras de Jacques Attali e dizer que a música de Ben "nos faz ouvir aquilo que, a seguir, se tornará visível, se impondo, definindo a ordem das coisas. Ela não é apenas o eco da estética de um tempo, mas a superação do cotidiano e o anúncio de seu futuro". As canções de Ben pareciam conter o esboço dos tempos que viriam.

Pela primeira vez surgia no mundo uma cultura jovem de caráter global, ainda que se apoiasse sobre a hegemonia da cultura popular americana: rock'n'roll, calça jeans, coca-cola... Ao que tudo indica a música popular tornou-se o principal signo identitário das novas gerações. Houve, por assim dizer, uma "musicalização da cultura": palavras e discursos de protesto não eram suficientes; era preciso que estes fossem acompanhados por entoações melódicas, pela potência épica e pelo pendor mítico da comunicação musical. Nos anos 1960 e 1970, a vida pulsava ao som de canções. E as canções pareciam entes capazes de indicar os novos rumos do tempo. Grandes compositores e cantores passaram a ser vistos como mensageiros culturais. E o rock'n'roll era o idioma musical do momento. Foi a época de Bob Dylan e dos Beatles. De Jimi Hendrix e dos Rolling Stones. De Janis Joplin e de Joe Cocker. Gênero muito maleável, aberto a variações pessoais, superficial e saudável, mas também capaz de mergulhos emocionais (que remetiam às suas raízes no doloroso blues), dionisíaco e tribal, o rock trazia uma violência transgressora que aderia com perfeição às circunvoluções do final dos anos 1960. Sua forte presença no plano internacional fez com que, no Brasil, discussões em torno do "nós" e "eles", "dentro" e "fora", "nacional" e "estrangeiro", ganhassem novo vigor no meio musical. Era preciso se posicionar diante da multiplicidade de forças, saber de que modo a tradição da música brasileira iria se relacionar (ou não) com as informações que vinham de fora. A Jovem Guarda de Roberto e Erasmo Carlos já tinha aberto uma via direta para o rock mais ingênuo dos *brotinhos* e *milk shakes*, impregnado da cultura publicitária que emanava do *american way of life*. Depois foi a vez dos tropicalistas ressaltarem o aspecto mais propriamente violento do gênero, e a nova maturidade que ele ganhava nas mãos de autores como Hendrix, Dylan e Lennon. No meio disso tudo, sem estar propriamente filiado a qualquer grupo, me parece que foi Jorge Ben um dos artistas que melhor conseguiu se apropriar desse novo caldo de cultura, realizando uma fusão admirável do rock com elementos da tradição do samba.

Talvez seja possível levar um pouco adiante as relações entre as mudanças culturais que varreram o Ocidente "modernizante" nos anos 1960-70 e a repercussão delas no contexto brasileiro. É certo que desde os primórdios o Brasil foi continuamente permeado pelo movimento das ideias e da cultura do Ocidente colonizador. É certo que as elites — e também o povo — a seu modo aderiram às noções de "respeitabilidade", "seriedade" e "nobreza" que chegavam da Europa e, depois, dos EUA. No século XIX, as filhas de "boa família" tinham aulas de piano e aprendiam a tocar partituras de Chopin lá e cá, a ponto de o Rio de Janeiro ficar conhecido como "a capital dos pianos". Falavam francês e vestiam-se de acordo com a última moda de Paris. Era o chique, o elegante, o distinto... Mas algo de nossa dinâmica cultural parece ter se desenvolvido de modo pelo menos parcialmente alheio a tudo isso. Para o mal e para o bem, falhamos em atualizar satisfatoriamente o impulso civilizatório que se instaurou na Revolução Científica. Como escreveu Oswald de Andrade, "nunca admitimos o nascimento da lógica entre nós". Desde sempre renunciamos à pretensão de certeza. Descartes e Newton nunca se criaram no Brasil. No fundo, parece que jamais saímos do Renascimento ao qual se refere Toulmin. Ou, para ser mais preciso, mantivemos viva, acesa e dominante a vertente barroca dos colonizadores que aqui chegaram e que tão plasticamente se acomodou e se fundiu em outras matrizes civilizatórias. Essa vertente — que pode ser concebida como um dos desdobramentos mais imediatos do Renascimento — é que parece ter moldado de forma decisiva determinada sensibilidade e modo de ser que se manifestam em muito daquilo que concebemos como "tipicamente brasileiro". O antropólogo Antônio Risério justifica historicamente tal vertente escrevendo que "os nossos processos sincréticos tiveram seus dias inaugurais em pleno império da cultura e da sensibilidade barrocas, que, atravessando como linha de fogo o arco dos séculos, marcariam para sempre as criações brasileiras. Na arquitetura, nas artes plásticas, na música, na literatura, na culinária, no carnaval, no cinema e no futebol", ela aparece como sendo uma das principais heranças do velho Ocidente nesse pedaço do Novo Continente.

Desse modo, não seria de todo improvável a existência de uma relação entre a vontade de retomada de certas atitudes renascentistas, que marcou a cultura jovem na passagem dos anos 1960-70, e a abertura de olhar para uma possível ampliação do papel do Brasil no mundo. Como se a indicação de uma reviravolta nos valores ocidentais criasse um contexto propício não apenas para o reconhecimento do diferente (presente, por exemplo, na onda de orientalismo nessa época), mas também para a expressão e apreciação da cultura de um país que guardava consigo ecos de uma "civilização mediterrânea" da qual o Renascimento certamente foi um dos frutos mais admiráveis. Creio que um pouco dessa sugestão está contida nesse trecho escrito por Caetano no início dos anos 1990:

> E aqui estamos, falando português neste imenso pedaço do continente sul-americano. Somos muitos milhões. Nunca chegamos a ser um país bom. E grande parte de nossas mazelas vem do fato de sermos portugueses. Ou, melhor dizendo, vem no bojo da maré baixa da cultura mediterrânea ou sul-europeia, que, por sua vez, é uma marola da grande fuga da onda civilizatória das regiões quentes para regiões frias: Babilônia, Egito, Grécia e Roma deram lugar a Inglaterras e Alemanhas e Canadás; Roma ainda está inteira em nós a assistir à aclimatação de suas conquistas em territórios bárbaros, onde as ideias de agasalho, presteza e precisão se superdesenvolveram comandadas pela vitalidade de homens determinados, os quais como que transformaram a chama da corrida humana em implacável e penetrante luz fria. O Renascimento, o Ocidente moderno, é fortemente mediterrâneo — Leonardo e Camões —, mas seus desenvolvimentos boreais é que nos trouxeram até onde estamos, para o bem e para o mal, sobretudo por causa da figura de Lutero.

Usando outras palavras, Caetano faz um percurso semelhante ao de Toulmin, lendo a história ocidental a partir da divisão entre dois grandes impulsos civilizatórios e situando o Brasil em relação a eles.

É verdade que junto com o barroco veio também a escolástica, de onde deriva uma parte fundamental da noção de moral e de respeitabilidade no Brasil. Gilberto Freyre irá continuamente enfatizar em seus livros o papel dos jesuítas no estabelecimento desse vetor de civilização, implementando entre nós a noção de uma cultura oficial cujo grande cerne está no letramento. Surge então o imenso fosso entre o escrito e o falado, entre o culto e o coloquial, o respeitável e o infame, o sério e o leviano, o oficial e o não oficial. Tais divisões constituem um dos principais legados da Modernidade, se fazendo sentir de modo cortante na sociedade europeia, ao isolar definitivamente a nobreza do povo. Uma cultura popular, formulada no dia a dia das ruas antes do que nos salões, passa a se organizar nas franjas da alta cultura. Trata-se de um ideal de *distância* que se vincula ao significado ocidental da ideia de aristocracia. A sociedade foi rigorosa e verticalmente separada em dois planos distintos: na parte de cima, a nobreza, com o monopólio dos temas sublimes e ideais; na parte de baixo, as classes populares, ocupadas com o manuseio de problemas banais e vulgares, com o comezinho da vida cotidiana.

A formação brasileira, contudo, não se processou no puro sentido da europeização. Houve aqui uma subversão do ideal aristocrático de distância. O resultado foi uma experiência social mais aberta, capaz de aproximar influências culturais antagônicas sem fundi-las numa síntese totalizante. Divisões e antagonismos reuniram-se tensamente sob o signo da mais estreita proximidade, configurando um domínio aristocrático bastante peculiar. A maior permeabilidade entre as duas instâncias gerando outro tipo de sociabilidade, mais promíscua, "que ganhou em flexibilidade o que perdeu em coerência" (Antonio Cândido) — mais próxima da *sociabilidade medieval* (como sugere Ricardo Benzaquen de Araújo em ensaio sobre Gilberto Freyre) organizando-se "em torno do contraste entre uma cultura oficial, baseada na seriedade, na hierarquia e em aristocráticas separações, e uma popular, preocupada com a promoção da familiaridade, da liberdade e do humor". Uma cultura de *ethos* carnavalesco, que se aproxima inusitadamente do universo plebeu da civilização medieval, "universo popular e enfaticamente antiaristocrático (que) pode perfeitamente se encaixar na casa-grande, só que para designar, sobretudo, o comportamento dos senhores, da nossa nobreza açucareira". Estamos no terreno da permeabilidade, da diluição de fronteiras, das ambiguidades essenciais que formam a ideia de "cultura popular", e que rompem com a separação e a distância — estilística e social — que marca a concepção mais tradicional de nobreza no Ocidente.

Em seu livro *O corpo na história*, José Carlos Rodrigues argumenta que uma certa "cultura de todos" existiu de modo pleno na Europa até por volta de 1500. E uma elite, que era, por assim dizer, bicultural, participava vigorosamente dela. Desse modo, o nobre do castelo conhecia e participava das tradições populares; o padre sabia latim mas também falava o patoá de sua região; e o senhor honrado conhecia e era figurante das mitologias locais. Como escreve Rodrigues, "cultura de elite e cultura popular não se opunham totalmente nos tempos medievais, nos quais as contradições eram mais horizontais (por exemplo, entre corporações, cidades etc.) que verticais (como entre classes sociais dominantes e dominadas, ricos e pobres, mestres e aprendizes). Pelo menos estas culturas não se ojerizavam, antes do final do século XVI, no mesmo sentido em que vieram a se antipatizar a partir da Idade das Luzes até os nossos dias". As mudanças vieram com a Reforma Protestante, que julgou promíscuo o antigo quadro e traçou uma linha divisória entre um clero "culto", de origem universitária, e os demais fiéis.

Assim, o pároco que dançava, que se mascarava, que fazia piadas no púlpito, foi substituído pelo sacerdote sério, educado e distante. Os nobres começaram a adotar maneiras mais "polidas", estilos mais autoconscientes de comportamento. Passaram a cultivar o autocontrole, as posturas corporais estudadas e artificiais. Abandonaram o hábito de comer misturados a seus dependentes, retirando-se para salas de jantar separadas. Deixaram de lutar corpo a corpo com seus camponeses. Aprenderam a falar e a escrever "corretamente", segundo regras formais e de acordo com gramáticas normativas. Procuraram, enfim, marcar diferenças por todos os meios. Como se não bastasse esse movimento socialmente localizado, as elites tenderam a ser imitadas pelos meios sociais adjacentes, isto é, por aqueles que pretendiam fingir-se de nobres — mesmo com todos os ridículos que normalmente acompanham essas situações.

Enfim, estava dada a clivagem entre a respeitável cultura de "elite" e a cada vez mais desprezada cultura "popular".

Seguindo movimento análogo, também a imaginação é desvalorizada. Tanto na Reforma quanto no Iluminismo, nas palavras do filósofo Schleiermacher, "tudo o que era misterioso e maravilhoso foi proscrito. A imaginação não deve ser preenchida com (aquilo que hoje é concebido por nós como) imagens aéreas". A ética protestante, com sua demanda por "resultados" que serviam de recompensa ao esforço, não poderia se dar com os caprichos da imaginação. Imaginação era algo no qual não se podia confiar: algo transitório, que desaparecia no momento em que se revelava à consciência, recusando-se a se submeter aos desígnios da vontade. Referindo-se a essa mesma faceta da Modernidade, sua promessa de uma existência sem ilusões, Max Weber falaria de um "desencantamento do mundo". O triunfo progressivo do catolicismo oficial e, sobretudo, dos reformadores protestantes, correndo junto com o impulso científico, fez com que a concepção mágica do universo fosse sendo gradativamente apagada, confinando-se em nichos sempre mais específicos da população, e no âmbito de disciplinas ou saberes especiais. O mundo passava cada vez mais a ser concebido como *mecanismo*.

A divisão hierárquica entre o *elevado* e o *baixo* também vai pautar a música. A forma-canção passa a constituir o "terreno laico" de uma tradição musical que desde o início da Idade Média torna-se parte da liturgia cristã, ocupando o "terreno sagrado" (oficial, portanto). Nas palavras do ensaísta José Miguel Wisnik, a canção "corre imemorialmente por fora da história linear da música, com a qual cruza às vezes". Jorge Ben não apenas encarna essa tradição imemorial mas reúne em torno de si o movimento de muito do que representa, mesmo no quadro específico da cultura brasileira, o não oficial. Ele é um ponto de atração que aglutina poderosas forças há muito recalcadas, forças que se aproveitam de uma oportunidade histórica para vir à tona. Uma das expressões mais plenas e vigorosas do que se tem convencionalmente chamado de "popular". O não oficial por excelência, contrapondo-se, inclusive, a tudo aquilo que queria se tornar oficial na canção brasileira — fosse o samba de raiz, a bossa nova ou a MPB. Nesse sentido sua identificação com a contracultura é natural, espontânea. Porque fosse colando personagens de Dostoievski e trechos de uma carta de Rainer Maria Rilke na letra de uma canção ("As rosas eram todas amarelas") ou dedicando um disco ao tema da filosofia hermética, ele seria "o artista com a liberdade mais total em nossa música" (Caetano Veloso). Que ousava "saquear" os signos da cultura "oficial", usando-os da maneira que quisesse, sem precisar de qualquer tipo de autorização. Jorge prenunciava um movimento de ascensão de novas forças. Mexia decisivamente em antigas noções de respeitabilidade.

De um lado, o impulso que vem da Reforma conduzida por Lutero, a primeira grande expressão moderna da busca pela certeza, e do qual decorrem o cartesianismo, a Revolução Científica, o Iluminismo, a Revolução Industrial e o cerne básico do capitalismo tecnológico de hoje. Certeza, precisão, foco, abstração, lógica e eficiência. Poderosas inovações técnicas e ampliação das condições materiais muitas vezes convivendo com franco conservadorismo cultural e retrocesso humano — com o enfraquecimento da experiência, com a redução de potência da entidade espírito/corpo — aproximando-se perigosamente da catástrofe ambiental. De outro lado, o catolicismo místico, sensualista e quente do Renascimento, em constante e frutífera fricção com os ideais clássicos de Grécia e Roma. Trata-se de Humanismo banhado em permanente dúvida e tolerância cética diante da falibilidade humana e da impossibilidade de qualquer tipo de certeza; ampla visão do contexto e abertura de foco; relaxamento, humor, amor pelo corpo e apego pelo transitório. Todos esses fatores induzem a outro tipo de percepção do lugar do humano frente à Natureza: não como algo destacado que cede ao impulso dominador, mas como parte dela. Os argumentos de Toulmin sugerem que os anos 1960-70 testemunharam a retomada desses valores e o entrelaçamento histórico de duas vertentes civilizatórias, fazendo o eco distante do Renascimento humanista avultar sobre um mundo que acabara de passar por sua mais traumática experiência de desumanização, fosse na amarga experiência das grandes guerras ou no tédio maquinal e na bonança vazia propiciada pelas novas condições de trabalho e consumo, apoiadas sobre os antigos códigos morais da civilização burguesa. Hierarquia e estabilidade deveriam ser substituídos pelo equilíbrio dinâmico de uma nova liberdade corporal e pela expansão da consciência. Por entre os estilhaços da velha noção de "respeitabilidade" floresceu a contracultura, abrindo caminho para a experimentação imaginativa, reconectando o Ocidente à matriz do Renascimento.

3. Paracelso e a perfeição tropical

"O homem da gravata florida", ou "A gravata florida de Paracelso" (que vem escrito entre parênteses na capa do álbum, como título alternativo, mas que provavelmente foi concebido como original), é uma das canções mais desconcertantes de Jorge Ben. Estranha e misteriosa mesmo para os padrões já bastante ecléticos do repertório de *A Tábua de Esmeralda*, traz uma letra com um dos personagens mais curiosos da música brasileira, criando a partir dele uma pequena narrativa de caráter surreal. Tudo na canção parece concorrer para uma sensação de deslocamento e de nonsense. Não há nada que se pareça com ela. Jorge Ben a compôs em homenagem ao famoso Paracelso (Theophrastus von Hohenheim), descrito pelo místico e escritor Mainly Hall como "príncipe dos alquimistas e filósofos herméticos, possuidor verdadeiro do Segredo Real (a Pedra Filosofal e o Elixir da Vida)", sendo também denominado como "o segundo Hermes". Sugiro que essa canção constitui uma espécie de alegoria benjoriana, na qual ressoam não apenas questões centrais de sua poética e de sua visão de mundo, mas também alguns ecos ou estilhaços das doutrinas do próprio Paracelso. Em outras palavras, talvez seja possível flagrar nas imagens cantadas e nos encadeamentos dos raciocínios que a canção propõe alguns pontos de contato com elementos que remontam à sensibilidade medieval do "homem da gravata florida". Como no próprio processo alquímico da amálgama, frisado por Mautner, Jorge Ben pode ter incorporado em sua poética — por estudo, afinidade ou mera casualidade —, alguns traços da filosofia e mesmo da cosmovisão contidas nos escritos de Paracelso. Uma vez incorporados, esses traços passam a conviver com o conjunto de interesses do artista.

Devo logo esclarecer o óbvio: que Jorge Ben evidentemente não é um homem medieval. Há, contudo, algo no seu jeito de se aproximar da música, na livre vazão que ele concede ao imaginário, no modo como embaralha consciente e inconsciente, que sugere um contato duradouro com essas figuras do medievo. A identificação mística que experimenta em relação ao santo guerreiro com seu nome (São Jorge), a relação apaixonada que desde cedo manteve com os tratados de alquimia, a mitologia que cerca a filosofia hermética e as biografias de seus protagonistas (Hermes Trimegisto, São Tomás de Aquino e Paracelso), o estudo de harmonias renascentistas são ainda alguns dos indícios que permitem seguir essa trilha. Talvez essas figuras não sejam apenas presenças superficiais em suas músicas, palavras e nomes evocados por uma inusitada qualidade de exotismo. O interesse de Jorge nesses assuntos é cercado não apenas por uma vontade de compreensão distanciada, mas por uma *crença* na importância e na *realidade* deles; por um sentimento de *afinidade*. Isso fica claro, por exemplo, na já citada entrevista que Ben concedeu a Luiz Carlos Maciel no ano de lançamento do *Tábua*, quando ele diz: "Parece para mim que eu conheço Paracelso, entendeu? Do jeito que eu li sobre ele, parece que eu conheço ele. Que era um cara maravilhoso, um doutor excepcional, conhecia a química, a pedra filosofal."

Já não importa muito se ele leu ou estudou em profundidade a doutrina do alquimista suíço e sim o grau de identificação com sua figura histórica e imaginada, o modo como se deixou afetar por ela. Certa vez um filósofo francês, especialista no pensamento de Espinoza, esteve no Brasil e proferiu a seguinte frase: "Os maiores espinozistas que eu conheço não leram Espinoza." Pode ser que, das lembranças da coleção de livros sobre alquimia na casa do avô aos anos de liturgia católica no seminário, Jorge Ben tenha simplesmente vibrado com os harmônicos da polifonia medieval-renascentista. Desse modo, ainda que correndo os riscos de uma interpretação excessiva, talvez seja possível especular livremente sobre a possível presença de germes da sabedoria de Paracelso na poética misteriosa de "O homem da gravata florida". Não se trata de uma tese a ser provada; apenas de uma sugestão. E, como Jorge me ensinou em uma de suas canções — e isso ele talvez tenha aprendido com os alquimistas —, eu sempre vou torcer pela sugestão.

"O homem da gravata florida" começa com o violão de Jorge atacando acordes ritmados numa região inusitadamente grave para o registro padrão do instrumento. Como acontece com a gravação de muitas outras canções ("Que nega é essa?", "Moça", "Quem cochicha o rabo espicha"), as cordas foram afinadas de acordo com outra configuração, de modo que o violão adquire um timbre mais percussivo, tornando-se uma espécie de tambor tocado a golpes de palheta. Ao mesmo tempo, esse violão-tambor não segura propriamente o ritmo, mas se movimenta na faixa dos contratempos durante boa parte do percurso da canção, delineando frases rítmico-melódicas de timbre e desenho peculiares. A voz entra deslocada da cabeça do compasso, no pulso fraco, trazendo, nesse início, a sensação de um conjunto disperso que subitamente ganha coesão — e a ganha, justamente, sobre a palavra "homem". A partir daí o reforço do baixo, guitarra e bateria dá nitidez à levada rítmica e oferece ao ouvinte a percepção de um fluxo a ser seguido. As primeiras palavras da música — a fórmula "lá vem o homem" — já haviam sido usadas em outra canção, "O homem que matou o homem que matou o homem mau", gravada por Jorge Ben dez anos antes, no LP *Big Ben*. Nas duas canções, o cantor se coloca como o observador de algo que se desdobra ante seus olhos, testemunha ocular de um evento. Ao mesmo tempo, apresenta o seu personagem *em movimento*, no próprio ato de adentrar a história. Esse é um procedimento comum nas narrativas cantadas de Ben. Outra canção, "O filósofo" (sinônimo de "alquimista" para os iniciados no hermetismo), começa anunciando que "ele *chegou* descontraído"; ou "o namorado da viúva passou por aqui/ apressado, pensativo, desconfiado/ olhando para todos os lados"; isso para não mencionar que "os alquimistas estão chegando". Mas enquanto na canção do LP *Big Ben* o padrão repetitivo da melodia se associa ao texto do "homem que matou o homem que matou o homem mau", criando com isso o efeito de um jogo de espelhos, em "O homem da gravata florida" a melodia se expande melismaticamente, com delicioso exagero, sobre a segunda sílaba da palavra "homem". Jorge injeta sete notas sobre ela. Para facilitar o ataque das notas, aplica consoantes em cada uma delas, criando efeito sonoro semelhante ao de uma gargalhada: "Lá vem o homem-*he-he-he-he-he-hem* / da gravata florida."

Fala-se de melisma quando um grupo de notas é usado para cantar uma única sílaba de texto. Trata-se de um recurso especialmente usado no canto gregoriano. Na Idade Média tornou-se comum o uso de melismas de longuíssima extensão. Além de possuir um sabor modal, o canto melismático remete também a fontes orientais, mais especificamente ao universo árabe. É um traço de estilo que diz respeito a um mundo sem definição precisa de fronteiras culturais, um mundo anterior às divisões entre Ocidente e Oriente. O uso desbragado do melisma constitui um dos mais reconhecíveis traços estilísticos de Jorge Ben, uma de suas principais marcas. Funciona como uma espécie de ponte trans-histórica entre o seu contato com os cantos litúrgicos — pré-tonais — e com a música de procedência africana nas Américas — modal —, muitas vezes produzida por escravos vindos de partes islamizadas da África. É curioso notar que certas correntes do blues foram marcadas pela forte presença de melismas no estilo vocal, trazendo por extensão um inequívoco tempero árabe para uma considerável parte da música norte-americana. O musicólogo Gerhard Kubik levantou a hipótese de que as tradições vocais do *Deep South* que desembocaram no blues tenham tido origem no estilo melismático da tradição dos antigos bardos africanos. Na música brasileira, não me ocorre qualquer outro compositor que tenha explorado o melisma como recurso de composição de modo tão desabusado e inventivo quanto Jorge Ben. Não como simples floreio, adorno vocal que pode ser removido, mas como algo que faz parte da estrutura da composição. Ainda que de forma um pouco tímida, podemos encontrar melismas já nos primeiros trabalhos de Ben. Depois, de modo cada vez mais extrovertido e aberto nos álbuns posteriores, atingindo uma espécie de ápice em *A Tábua de Esmeralda,* fazendo-se também presente, de forma decisiva, em canções como "*Errare humanum est*" e "Magnólia".

Com a inserção de várias notas para cobrir uma única sílaba de texto cantado, Jorge está usando um dispositivo que parece ir na contramão do canto falado, da palavra cantada *in natura*. Um dispositivo que faz com que o texto cantado se afaste de sua origem prosódica. É como se houvesse um excesso de melodia que, não cabendo mais no espaço da palavra, força uma estilização radical da mesma. Ou então, ao contrário, como se houvesse uma espécie de transbordamento da palavra em melodia — esta se transformando numa espécie de cometa, com um núcleo que guarda o seu significado central ("homem"), e uma "cauda" que amplia e particulariza esse significado ("he-he-he-he-he-hem"), tingindo-o com o sentido específico da melodia. É nesse espaço que Jorge pode mais livremente jogar com as palavras, ampliando as durações, redesenhando por dentro delas inusitados contornos melódicos. A palavra se torna o suporte maleável de aventuras sonoras que impressionam pelo grau de singeleza e liberdade.

A expansão melismática do primeiro verso de "O homem da gravata florida" se traduz em um intenso sentido de movimento. O canto não apenas anuncia a chegada do protagonista com o "lá vem", mas introduz um desenho melódico que amplia ainda mais a sensação de uma ação que se desenvolve, desse homem que chega, antes de defini-lo como sendo o "da gravata florida". Parece haver uma feliz coincidência entre a apresentação poético-musical do "homem da gravata florida" e a biografia histórica do homenageado. Pois Paracelso foi, acima de tudo, um andarilho apaixonado, um viajante, chegando a ser acusado de *vagabondage* por seus contemporâneos, termo em voga já no século XVI. A julgar pelas frequentes indicações de movimentos de chegada e passagem de seus personagens, parece que Jorge sempre nutriu simpatia pelos andarilhos e errantes.

Tal simpatia transborda, por exemplo, em canções como "Vou andando", do LP *O Bidú*:

Eu vou andando sem saber aonde ir
Andando eu vou
Eu vou andando sem saber
Até encontrar o meu amor

Muitos alquimistas, santos e heróis da Idade Média foram grandes andarilhos. Numa época em que o conhecimento ainda ficava restrito aos domínios da Igreja, parece ter sido essa uma das condições básicas para se alcançar a sabedoria. Insatisfeito com o ensino tradicional que recebeu na academia, Paracelso optou desde cedo por uma vida errante, transitando entre o Ocidente e o Oriente. Percorreu toda a Europa, chegando a penetrar a Ásia. Em Constantinopla, tomou conhecimento do grande mistério das artes herméticas, que lhe foi passado por adeptos árabes. Muito do seu conhecimento foi obtido no contato com gente do povo, em suas andanças pelo mundo: ciganos, curandeiros, feiticeiros, bruxas, videntes...

Voltando à canção de Ben, além da sugestão de um movimento algo errante, o alongamento melódico da palavra "homem" logo no primeiro verso influi na economia geral da música, fazendo com que sobressaia entre as demais. Há um paralelismo dela com o vocábulo "céu", na sentença exclamativa do verso seguinte ("Meu Deus do cé-hé-hé-hé-hé-hé-hé-héu / que gravata mais linda!"), sendo as duas únicas palavras da letra a serem emolduradas por uma "cauda melismática". Se há motivos para crer que o peculiar recurso aos melismas em Jorge Ben remete de algum modo a sua experiência no seminário, então talvez seja possível pensar na possibilidade de um sentido indireto, oblíquo, no fato de "homem" e "céu" se encontrarem aproximados na estrutura vertical da canção, imantados pela mesma e longínqua aura religiosa do melisma. Pode ser também que essa aproximação indique a estreita relação que o pensamento alquímico postula, justamente, entre Homem e Céu. Não exatamente o céu cristão, dominado pela figura de um Deus antropomórfico, mas antes o céu dos planetas, estrelas, cometas e constelações.

Na cosmovisão medieval, o homem e o céu ainda não haviam se divorciado. A vida humana era tida como inseparável da vida do universo. O microcosmo e o macrocosmo encontravam-se em relações constantes e recíprocas, e o homem repetia em si próprio todos os fenômenos da natureza, estando submetido a todas as influências cósmicas e telúricas que regulam o universo. Concebia-se uma estreita ligação causal entre o celestial e o terreno. Lia-se no firmamento e nas manifestações da natureza possíveis sinais que indicassem a intervenção divina sobre o curso da história humana. E era por meio desses sinais — como novas estrelas e cometas — que Deus intervinha na natureza. Uma interpretação animista dos corpos astrais e terrestres, apoiada no conceito de *anima mundi* ("nada existe que não possua e não carregue consigo, escondido em si, um espírito", escreveu Paracelso), fazia com que fosse simples postular conexões entre os universos físico, orgânico e psíquico. No livro *From Paracelsus to Newton: Magic and the Making of Modern Science* [De Paracelso a Newton: magia e a criação da ciência moderna], Charles Webster definiu a cosmovisão medieval da seguinte forma: "No que concernia Paracelso, o homem e o cosmos eram análogos e inseparavelmente ligados. O estudo do homem e de seu microcosmo era impensável sem uma apreciação de seu lugar no macrocosmo físico e espiritual." Sendo um pesquisador dos fenômenos do organismo humano (as doenças, o envelhecimento), Paracelso não o isolava do restante do universo; antes, reconhecia os poderosos efeitos do ambiente celeste sobre o homem, o que o jogava constantemente de volta aos campos da cosmologia e da cosmogonia. Conta-se que observando as configurações planetárias, ele coletou em lâminas de vidro o orvalho da meia-noite e dele obteve uma água de maravilhosa virtude medicinal, pois ela havia absorvido as propriedades dos corpos astrais, capazes de atuar sobre dimensões do corpo humano. É que o lado prático da ciência alquímica envolvia acionar forças derivadas dos céus. O homem estaria em posição única, apto a manipular tais forças, pois se encontrava na "fronteira" ou no "centro" entre os céus e a criação. E não deixa de ser curioso o modo como algumas faixas do disco *A Tábua de Esmeralda* tentam sondar, ou estabelecer uma conexão direta com o espaço sideral — como se assumissem esse ponto de vista do homem que está no "centro", um mediador capaz de articular as forças astrais. Tal relação com o plano astral marca alguns momentos do disco. Ela está presente na indagação sobre a remota origem do "nosso impulso de sondar o espaço", que dá início às ponderações místico-científicas de "*Errare humanum est*" — música inspirada no livro *Eram os deuses astronautas?*, do jornalista alemão Erich Von Däniken, sucesso mundial traduzido para o português em 1969 —, passa pelo verso "já consultei os astros", em "Magnólia", e pela menção da prática da agricultura celeste, em "Eu vou torcer", até finalmente ressoar no paralelismo entre "homem-he-he-hem" e "cé-hé-hé-heu" na "Gravata florida de Paracelso".

Retomando a análise da canção sobre Paracelso, há um importante deslocamento de sentido logo após o primeiro verso. A ênfase no movimento do "homem" é substituída pelo deslumbramento causado pela "gravata florida": "Meu Deus do cé-hé-hé-hé-hé-hé-hé-héu, que gravata mais linda!" A partir daí o foco da canção passa a se concentrar na descrição do misterioso objeto. Acompanhamos o crescimento da figura da gravata florida dentro do espaço da música. Primeiramente, de modo exultante, modulando para o tom maior: "Que gravata sensacional, olha os detalhes da gravata! Que combinação de cores, que perfeição tropical!" Depois, num tom um pouco mais moderado, voltando ao modo menor original, os tais "detalhes" são descritos em um estilo verbal que transita livremente entre a sofisticação empolada — "Olha que rosa lindo / azul-turquesa se desfolhando / sob os singelos cravos" — e o mais franco coloquialismo: "E as margaridas, margaridas / de amores com jasmim." Um verso que começa anunciando um poema parnasiano e termina praticamente como uma cantiga de roda. Assim como na variação entre a hipermelodização do início e o canto mais falado do restante da música, artificialidade e naturalidade são conjugados com mão leve, irresponsável mesmo. O reiterado uso do "olha", na letra, coloca o narrador como espectador apaixonado e absolutamente imerso no grande espetáculo do mundo.

    A ênfase descritiva sobre a gravata traz para o primeiro plano a relevância fundamental dos detalhes e a conexão vital que eles estabelecem com o conjunto inteiro. Novamente encontramos possíveis paralelos com o pensamento de Paracelso, para o qual cada coisa da natureza, ser vivente ou não, guarda em si traços visíveis e invisíveis de similitude, de modo que tudo no universo acha-se intimamente relacionado entre si, pois cada uma de suas partes, desde as mais diminutas células às grandes estruturas, desde o átomo até as estrelas permeia-se de uma única e mesma essência. Trata-se mais uma vez da reversibilidade entre microcosmo e macrocosmo. Detalhes nunca são meros detalhes. Na mente do homem medieval, conforme escreveu o filósofo Michel Foucault, "o mundo enrolava-se sobre si mesmo: a terra repetindo o céu, os rostos mirando-se nas estrelas e a erva envolvendo nas suas hastes os segredos que serviam ao homem". O cosmos formava uma unidade orgânica na qual cada parte mantinha relação com as demais. Tudo era tingido de alguma propriedade mágica, e desse modo nenhum detalhe podia ser indiferente. Charles Webster comenta sobre a atenção contínua que os alquimistas dedicavam ao mundo, lendo em todos os eventos sinais sobre futuras ocorrências extraordinárias. Os alquimistas sempre encararam a Natureza como a própria divindade, e viam em suas múltiplas manifestações uma espécie de escrita cifrada, algo como um incomensurável criptograma, por trás do qual o Criador pode sempre se ocultar, e ao mesmo tempo revelar-se de modo sábio e discreto.

Me parece que esse trecho de "O homem da gravata florida" condensa aspectos fundamentais da poética de Ben. Há uma necessidade de qualificar as coisas, que se manifesta no uso obsessivo de adjetivos. A adjetivação parece trazer definição para as imagens, criando contornos, arrastando-as em um movimento de singularização. Jorge frequentemente opera com agregados de adjetivos, capazes de formar saturações de sentido que geram uma sensação de concretude em coisas que existem na relação com um observador capaz de qualificá-las. O ostensivo uso de adjetivos ajuda a remover um pouco da carga de impessoalidade e abstração que a palavra enquanto conceito puro carrega. Faz com que ela se torne encarnada. A "nega" com quem ele pretende se casar ("Que nega é essa?") é "faceira, dengosa, beijoqueira". Os cavaleiros do rei possuem "uniformes brilhantes" e são "garbosos e triunfantes". E o próprio rei é descrito como "homem de boa bondade". São inúmeros os exemplos na obra de Ben. A gravata florida só é "sensacional" porque é única — e é a profusão de detalhes e cores o que faz dela única. E a "perfeição tropical" de que fala a letra, resulta, justamente, dessa combinação de cores e detalhes. Trata-se, portanto, de uma perfeição que brota da soma de tudo, uma perfeição vinculada não ao comedimento temperado, ao equilíbrio, mas à saturação e ao excesso. Um tipo específico de perfeição: "a perfeição tropical". E, de fato, os trópicos sempre estiveram, no imaginário do Ocidente, vinculados ao excesso e à mistura de tudo com tudo, inclusive no que diz respeito à mistura de raças. Por isso, quando Jorge canta "que combinação de cores / que perfeição tropical", é difícil não pensar numa alusão celebratória ao povo mestiço. Uma exaltação semelhante já havia ressoado em uma canção anterior, "Criola", na qual Jorge toma de empréstimo uma frase de Gilberto Gil para cantar que "negra é a soma de todas as cores". Em certo sentido, a "Criola" de Ben representa não uma raça pura, 100% negra e africana, mas, ao contrário, o resultado de uma grande mistura de cores — como a gravata florida do alquimista.

O mais interessante na canção sobre Paracelso, contudo, ainda está por vir. Depois da descrição das rosas e cravos que compõem o desenho da gravata, o tom do narrador se torna mais sério, revelando, em registro muito próximo ao da fala, a "verdade" que se esconde por trás de tantos e tão deslumbrantes detalhes aparentes: "Isso não é só uma gravata / essa gravata é o relatório / de harmonia de coisas belas", completando com uma das imagens mais esdrúxulas de todo o cancioneiro nacional: "É um jardim suspenso / dependurado no pescoço / de um homem simpático e feliz". Jorge certamente ficou exultante com este último verso, pois ele não apresenta nenhuma fluência e é difícil de cantar (difícil até de falar!). Parece ter sido encaixado à força no fluxo melódico da canção. Por isso mesmo chama a atenção, pois "obstrui a leitura fluviante, flutual" (como escreveu João Cabral de Mello Neto em um poema), destacando a magnífica imagem do "jardim suspenso dependurado no pescoço".

Alquimistas como Agrippa conceberam a alquimia como a mais profunda contemplação das coisas mais secretas — suas qualidades, poderes, substâncias e virtudes —, o conhecimento de sua natureza inteira. O domínio da magia natural seria possível somente através de uma imersão completa nas harmonias da Natureza. De algum modo isso ecoa na descrição que Jorge faz da gravata como "relatório de harmonia de coisas belas". Os sistemas classificatórios supunham a existência de analogias e correspondências em todas as partes da criação, revelando o invisível no visível. O mundo se desdobrava como um imenso sistema de símbolos, ou, na expressão do famoso medievalista Johan Huizinga, uma "catedral de ideias". Havia nisso uma concepção rítmica de encadeamentos e paralelismos, como se fosse a rica expressão polifônica de uma harmonia eterna. A imersão nos detalhes visíveis abre as portas para a dimensão invisível, revelando que "isso não é só uma gravata".

Inicialmente um apêndice do homem que vem chegando, a gravata florida passa a ser muito mais do que um simples item de indumentária. Como na doutrina de Paracelso, ela revela que o microcosmo de suas cores e formas encontra-se em relações constantes e recíprocas com o macrocosmo do homem simpático e feliz que a veste. Mais do que isso: transformada em objeto mágico, ela se torna um verdadeiro reservatório de forças vitais, a causa da simpatia e da felicidade desse homem, como se a gravata vestisse o homem, e não o contrário. A voz torna-se exultante diante da revelação de que "com aquela gravata qualquer homem feio vira príncipe".

Logo no início de seu famoso *Discurso sobre a dignidade do homem*, verdadeiro manifesto do espírito renascentista escrito no fim do século XV, o filósofo italiano Pico Della Mirandola cita uma frase de Hermes Trismegisto: "Grande milagre, ó Asclépio, é o homem." Não fazia muito tempo que o manuscrito do *Corpus Hermeticum*, contendo os ensinamentos de Hermes, começara a circular por Florença, concorrendo com sua parcela de influência para o emaranhado de correntes e matrizes que marcaram o pensamento do período. A ênfase do *Discurso* recai sobre a liberdade humana. Mirandola compara o Homem a um "camaleão", "animal de natureza vária, multiforme e mutável", dotado de livre arbítrio para decidir o rumo de sua vida; o Homem como "soberano artífice de si mesmo", ao qual é concedido a liberdade de "obter o que deseja, ser aquilo que quer". Tal liberdade carrega consigo a marca de uma responsabilidade: "Que a nossa alma seja invadida por uma sagrada ambição de não nos contentarmos com as coisas medíocres, mas de anelarmos às mais altas, de nos esforçarmos por atingi-las, com todas as nossas energias, desde o momento em que, querendo-o, isso é possível", escreveu Mirandola. A liberdade, portanto, não se confunde com a mera permissão de se tornar qualquer coisa. Há uma grande potência e um sentido de autossuperação nessa visão plástica da natureza humana, que influenciou decisivamente o entendimento moderno do homem sobre o homem. De vítima dos desígnios divinos ele é transformado em orgulhoso agente criador do próprio destino. Sobretudo, há um sentimento de confiança diante das capacidades humanas, vistas agora sob a perspectiva a um só tempo gloriosa e trágica do indivíduo.

As questões levantadas por Mirandola se fazem também presentes no pensamento de Paracelso, sendo este mais um dos pontos de inflexão do novo antropocentrismo do Renascimento. Em sua doutrina, imaginação e magia estão intimamente ligadas. A natureza invisível se movimenta através da imaginação. Se esta fosse forte o suficiente, nada seria impossível, porque ela é a origem de toda magia, de toda ação através da qual o invisível deixa seu rastro no visível. A energia da verdadeira imaginação seria capaz de transformar nossos corpos, e até influenciar no paraíso; é uma ponte capaz de cobrir o fosso entre os mundos material e não material. Nesse contexto, a força das simpatias e antipatias é algo real, concreto, que exerce influência decisiva sobre o que é feito. "A história da alquimia não conhece caso algum de pessoa má que tenha conseguido chegar ao estágio triunfal", escreveu Serge Hutin. O próprio Jorge Ben diferencia entre o verdadeiro alquimista e o "soprador", aquele que "forja o falso ouro e a falsa prata", que está "ávido a ser malévolo", e, portanto, "não merece a simpatia de ninguém" — como aparece nos versos de "Luz polarizada", canção do disco *Solta o pavão*. Mais uma vez, é preciso evitar "qualquer relação com pessoas de temperamento sórdido". Manter os pensamentos limpos e a mente clara, pois tudo isso afeta decisivamente a qualidade do que se faz, onde se chega. A música de Ben é perpassada pela crença de que o pensamento é capaz de operar diretamente sobre o mundo físico. Em "Jorge da Capadócia", ele canta: "E nem mesmo um pensamento eles possam ter para me fazerem mal." Também nesse sentido o alquimista Paracelso pregava uma radical seleção das ideias que devem habitar a mente:

Banir absolutamente de teu ânimo, por mais razões que tenhas, toda a ideia de pessimismo, vingança, ódio, tédio, ou tristeza. Fugir como da peste, ao trato com pessoas maldizentes, invejosas, indolentes, intrigantes, vaidosas ou vulgares, e inferiores pela natural baixeza de entendimentos ou pelos assuntos sensualistas, que são a base de suas conversas ou reflexos dos seus hábitos. (...) trata-se de transformar a contextura espiritual de tua alma. É o único meio de mudar o teu destino, uma vez que este depende dos teus atos e dos teus pensamentos: a fatalidade não existe.

Manly Hall escreveu que "mesmo que Paracelso em certo sentido pense de acordo com o espírito do seu tempo, ainda assim ele captou a relação entre homem e natureza de modo profundo, especialmente em relação às ideias de evolução e de vir-a-ser. Ele não viu no Ser-Matriz do universo algo que de algum modo está ali como coisa acabada, mas capturou o Divino no processo do vir-a-ser. Desse modo ele pôde atribuir ao homem uma atividade autocriadora". É justamente essa atividade autocriadora do homem na construção do universo o que Paracelso definia pelo termo alquimia: "Esse aperfeiçoamento é alquimia." O princípio transmutatório que está na base do conhecimento alquímico se torna assim uma poderosa metáfora da existência humana, ela própria se tornando um processo de contínuo aperfeiçoamento. O próprio Jung via nos processos da alquimia a metáfora mais adequada para o que ele chamava de *individuação*: a realização plena do *self*, do potencial singular de cada ser humano, que se torna, desse jeito, inteiro, completo. Um processo que se desdobra ao longo de uma vida inteira. Para Jung, os alquimistas projetavam os conteúdos de suas psiques nos materiais que eram trabalhados no laboratório, fazendo uma instância retornar sobre a outra. Em seus esforços para transformar metais ordinários em ouro, eles estavam simbolicamente engajados em um processo de transformação psíquica, processo capaz de conduzir à individuação. Ainda que distanciadas por séculos de história, a visão de Jung sobre a alquimia é inteiramente afim à de Paracelso. Trata-se de uma visão perpassada pela crença bastante positiva nas possibilidades humanas; crença que participa, por assim dizer, do pensamento humanista do Renascimento, como coloca Charles Webster: "Paracelso igualava o otimismo renascentista em suas visões sobre a dignidade e as capacidades do homem. O homem foi criado à imagem de Deus; ele era a parte central da criação, a soma de todos os elementos do macrocosmo."

Não quero forçar aproximações, mas parece que as canções de Jorge Ben reverberam amplamente esse espírito de confiança na humanidade e no milagre do indivíduo humano. Na capacidade obstinada de superação dos obstáculos e de contínua afirmação da vida, na ênfase sobre os temas da dignidade e da liberdade, na crença de que ninguém precisa ser vítima da própria biografia, junto com Paracelso, elas parecem dizer que "a fatalidade não existe". Um espírito em confiante ação, que aparece em máximas como "não fique esperando o que Jesus prometeu / pois ele também está esperando que você tome vergonha na cara / e saia por aí / pelo mundo afora / fazendo amizades / conquistando vitórias" ("Quem cochicha o rabo espicha"). E que está também presente na extensa galeria de heróis que ele pintou com sua lira.

Perto do final de "O homem da gravata florida" Jorge canta, em dois momentos, as palavras "feliz" e "simpático". Cada uma delas é repetida três vezes, em notas ascendentes, com ênfase esganiçada, quase suplicante. A letra esclarece que são estes os efeitos gerados pelo uso da gravata florida. "Com aquela gravata qualquer homem feio / qualquer homem feio vira príncipe", sendo "esperado", "bem chegado" e "adorado em qualquer lugar". O poder de contágio do humor feliz e simpático é tão grande que, "por onde ele passa / nascem flores e amores". A "gravata florida singela" é descrita pela última vez como "linda de viver" — invertendo a fórmula tradicional, que traz a palavra indesejada —, e o narrador termina repetindo várias vezes a constatação de que, "com uma gravata florida singela como essa / até eu". Até eu... Positividade, otimismo, crença no "eu". Na música de Ben, a gravata florida de Paracelso torna-se o local de encontro das fantasias medievais dos alquimistas com as aspirações de felicidade dançante do país tropical.

Mas aqui outra camada de significados entra em cena. As fabulações místico-renascentistas e o humanismo emanados por suas letras se amalgamam com o tema da negritude e da condição tradicionalmente desfavorecida dos negros no país que teve a mais pesada herança escravista do mundo moderno. Faz sentido que a visão de um ser humano como heroico criador de si, capaz de tomar as rédeas do próprio destino e de subverter a condição dada tenha calado fundo no imaginário de Ben.

4. Jorge e os tropicalistas

Sob muitos aspectos Jorge Ben parece ter sido o primeiro grande acontecimento musical depois da bossa nova. Mesmo que tivesse João Gilberto como uma de suas principais referências e que tivesse sido frequentador do Beco das Garrafas, onde se cultivava uma nova vertente da bossa nova — o sambajazz —, o que ele inaugurou em seu primeiro álbum em 1963 era, de fato, um "esquema novo". Depois, foi aprofundando, ampliando esse esquema até atingir a maturidade plena em álbuns como *A Tábua de Esmeralda*. Sua liberdade diante dos estilos em voga foi desde o início prontamente reconhecida e apreciada pelos tropicalistas. Primeiramente por Gil, que, ao tomar conhecimento de *Samba esquema novo*, ainda na Bahia, parou de compor músicas próprias e passou a se dedicar exclusivamente a tocar e cantar as canções do álbum de Ben. Em determinado momento, chegou a dizer a seu parceiro: "Caetano, eu acho que vou deixar de compor, porque eu acho que Jorge Ben preenche tudo. Acho que eu vou me dedicar a cantar as músicas dele, tentar aperfeiçoar o estilo dele, ou qualquer coisa desse tipo. Vou me tornar um discípulo dele." Caetano estranhou, por sua vez, a veneração de Gil. Em *Verdade Tropical*, o baiano escreveu o seguinte:

Eu, que gostava de Jorge Ben por sua originalidade e energia, não admitia que um talento musical como o de Gil silenciasse em reverência a ele. Sobretudo me parecia quase chocante que Gil, muito mais capaz de ouvir harmonias do que eu, dissesse preferir abandonar tudo por causa de um músico infinitamente mais primário que ele.

Feita em retrospectiva, a declaração de Caetano é bastante reveladora não apenas do modo predominante como a música de Jorge Ben foi e tem sido recebida, desde que ele despontou, pelos ouvidos mais "educados" e "críticos", mas também do filtro médio através do qual se passou a avaliar a canção popular depois do triunfo da bossa nova.

Naquela época, entre 1963 e 1964, o julgamento de Caetano parece exclusivamente guiado pelos sofisticados critérios da música feita por Tom Jobim e João Gilberto. Não admira que a capacidade de "ouvir harmonias" seja destacada por ele como principal traço distintivo do talento musical de Gil. Soava estranho que este músico, criado na escuta da bossa nova e dotado de acurada sensibilidade harmônica, nutrisse tamanha veneração por Jorge Ben, que seria, de acordo com esse mesmo critério, "infinitamente mais primário". Caetano atribuiu a veneração de Gil em parte a razões raciais, ao "negrismo" de Jorge Ben, sua imediata tematização da negritude desde "Mas que nada", que tanto havia impressionado o parceiro. Nas palavras de Caetano, "Jorge Ben era não apenas o primeiro grande autor negro desde a bossa nova (um papel que poderia ser de Gil), mas era principalmente também o primeiro a fazer desse fato uma determinante estilística". Esse ponto me parece crucial: Ben fazia com que a consciência de sua cor fosse expressada não apenas em formulações verbais (com menções a pretos velhos ou a guerreiros africanos), mas em música: na adoção de traços de estilo comumente associados ao universo da cultura negra e na apropriação e na ênfase em modos de concepção musical de matriz reconhecidamente africana. Foi esse sentimento de pertencimento a uma linhagem que transcende o mito nacional, essa necessidade de se manter de algum modo diferenciado e discernível no interior da amálgama, como "aquele que preserva a lembrança das *diferenças* presentes na sua gestação, dos traços de matrizes distintas", que permitiu a Ben fazer um contraponto ao que a pesquisadora Liv Sovik chamou de "cosmopolitismo branco" da bossa nova. Cosmopolitismo que cada vez mais se impregnava da presença de astros americanos (brancos) como Stan Getz, Gerry Mulligan e, principalmente, Frank Sinatra.

É certo que o surgimento de Ben exerceu forte impacto sobre o autor de "Sarará miolo", "Ilê Ayê" e "A mão da limpeza", entre tantas outras canções que falam abertamente sobre o tema da negritude. Mas a intuição de Gil sobre a novidade e o valor do compositor carioca era bem mais ampla. Ela implicava a possibilidade de "abandono" de certas conquistas técnicas da bossa nova em prol de outras abordagens musicais; de um retorno ao primário do violão-tambor de dois ou três acordes, tocados a golpes de palheta, a partir do movimento do braço inteiro e com uma contundência corporal e rítmica que o dedilhado lírico ou os acordes em cachos (notas simultaneamente tocadas com as pontas dos dedos, formando um único bloco sonoro) jamais poderiam conceder. Ben tocava violão como quem tivesse "se adestrado ouvindo guitarras de rock e música negra americana", escreveu Caetano. Sua música deslocava o foco da complexidade harmônica que a MPB havia herdado da bossa nova para outros planos de expressão musical — sobretudo o rítmico. Com isso, operava um retorno ao "primitivo", transmitindo a sensação de uma reaproximação de matrizes mais recuadas do modalismo africano que está na base do samba, e também, em certa medida, na base do rock. Ao mesmo tempo, Jorge oferecia novamente ao ouvinte toda a gama de "sujeiras" e "ruídos" sonoros que a limpeza sofisticada e tecnicamente competente da bossa nova e até mesmo do anterior samba-canção havia tirado de circulação: timbres guturais, notas sem muita definição no violão, oscilações nos ataques vocais, gritos e grunhidos. Sua música trouxe novamente para a cena principal uma série de elementos estéticos que pareciam relegados ao plano dos "arcaísmos pré-modernos". Nada que lembrasse a almejada precisão e clareza dos bossanovistas. Pelo contrário: perto destes, Jorge parecia desconcertantemente primário.

Tratava-se de outro jeito de abordar a canção. Talvez uma boa forma de compreender a presença de Jorge Ben no panorama da música brasileira seja fazendo uma comparação entre o seu pensamento musical, seu modo de conceber a composição, e o do compositor que parece estar na sua antípoda estilística, e que foi um dos grandes definidores da estética da bossa nova: Tom Jobim. De certo modo, Jorge inverteu a equação de Tom Jobim. Este foi o mais brilhante mestre da harmonia na canção brasileira. Bebendo na fonte da música erudita e do jazz, abriu caminho para uma sofisticação harmônica sem precedentes em nossa música. Isso não quer dizer apenas que ele dominava um extenso repertório de acordes e sequências harmônicas, mas que sabia manejar com precisão e inventividade impressionantes a relação entre esses acordes e o material melódico. Sabia exatamente "o que significava aquela nota debaixo daquele acorde", como sugeriu certa vez o maestro Jaques Morelenbaum. E sabia também que tipo de letra cabia ali: era excelente letrista ele mesmo e costumava exercer o veto sobre versos que não lhe agradavam, feitos por parceiros.

Em muitas canções do período bossanovista, Tom construía melodias enxutas com longos trechos baseados em apenas duas, às vezes uma única nota. É o caso emblemático do "Samba de Uma Nota Só". A solitária nota ganha sentido ao ser continuamente modificada pelo cenário harmônico. A fórmula soa paradoxal: um elemento ultrassimplificado é imantado por outro de extrema complexidade; a timidez melódica apoia-se na exuberância harmônica. Esta, por sua vez, altera a percepção que se tem da melodia. Vamos imaginar a cena de um teatro-canção. Os acordes formam o cenário enquanto a melodia é um ator em cena. A própria forma como percebemos a melodia vai depender do conteúdo do cenário. Se o pano de fundo for um hospital, o ator vestido de branco será um médico; se for um terreiro de candomblé, será um pai de santo, e por aí vai. Com grande domínio da matéria musical, Jobim extraía o máximo dessas junções e deslocamentos, podemos dizer, entre figura e fundo.

Jorge Ben faz o contrário do que fazia Tom: lança uma base enxuta de dois ou três acordes e coloca a melodia para se movimentar em torno deles. Explora detalhes mínimos da relação entre a voz e o acompanhamento, variando livremente sobre a repetição. Injetando uma nova complexidade rítmica na palavra, faz com que a canção caminhe de outro modo, apoiando-se em outros procedimentos que não o desenvolvimento harmônico. Com isso, marca certa independência em relação ao pensamento musical da bossa nova. Nele estão ausentes as grandes arquiteturas musicais. Como gênio que foi, Tom soube ampliar o universo harmônico sem ferir a vocação lírica da canção brasileira, seu prazer melódico e sua relação íntima com a palavra. Com isso, ditou um novo rumo de beleza, que seria seguido por nomes como Edu Lobo e Chico Buarque. Esse rumo ancora-se em grande parte sobre um pensamento musical que se desenvolveu durante o período da Renascença e do Barroco europeus: o da música tonal. Uma música entranhada pelos sentidos de mudança e desenvolvimento que irão marcar o mundo moderno ocidental.

Após a eclosão da bossa nova, Jorge foi um dos primeiros artistas a questionar musicalmente a centralidade da harmonia na canção brasileira. A bossa nova e o gênio de Jobim haviam gerado um verdadeiro fetiche dos acordes entre músicos e compositores. Da noção musical de um *desenvolvimento* harmônico ao *desenvolvimentismo* que marcou o governo de Juscelino Kubitschek, o próprio espírito do tempo (na virada dos anos 1950-60) parecia impregnado pela ideia de progresso. E Jorge vinha de encontro a tudo isso. Sinalizava o retorno a um certo primitivismo, a canção sendo articulada em torno de uns poucos elementos básicos. Como se sua música fosse a "prova de que até meios insuficientes — infantis mesmo — podem servir à salvação", conforme propõe Kafka num belo conto sobre as artimanhas de Ulisses para fugir ao "silêncio das sereias". Com os poucos acordes de seu violão-tambor, usando clichês harmônicos do universo da música pop e do blues norte-americano — como a cadência II-V-I, e também o clichê harmônico Im7-IVm7-bVII7-Im7 — e acompanhado de sua voz "chinfrim", ele remete com mais força e crueza para outro universo cultural, outro vetor fundamental da formação brasileira: o da música modal. O tipo de música compartilhado pela maioria das culturas pré-modernas do mundo. Esse vetor também está presente na bossa nova, em seu elo fundamental com o samba — sobretudo em João Gilberto —, assim como a música de Jorge Ben utiliza harmonias da tradição da música tonal. A diferença está na ênfase que esses vetores recebiam em cada caso, e no modo como isso altera a maneira de conceber a canção. Em Jorge Ben, a balança nitidamente pesava para o lado do modal. Ou seja, para o lado de uma música vinculada ao universo ritualístico, centrado em pequenas comunidades e orientado pelas estações, com ritmos e melodias repetitivos, interconectados, cíclicos, capazes de urdir densos tecidos sonoros em torno do núcleo estável da casa e da tradição. O império pulsante do ritmo. Da repetição sem tédio.

Não devemos subestimar o significado profundo da reverência de Gil a Jorge Ben, nem do período em que decidiu se "dedicar a cantar as músicas dele, tentar aperfeiçoar o estilo dele". Fascinado pela música de Ben, Gil se dedicou a *imitar* o estilo do carioca. A imitação não se confunde com algo puramente mecânico; ela é o mais poderoso caminho para assimilar e compreender a diferença. Imitar é entrar imaginariamente no mundo daquele que é imitado; captar uma essência a que comumente chamamos de *estilo*. Através da imitação, escapamos de nosso autoconfinamento e compartilhamos diretamente a experiência do outro. Refletimos essa experiência em nosso próprio ser. O imitador altera e é transformado por aquilo que imita. O escritor Thomas Mann evocou o papel da imitação no mundo clássico para falar de uma "identificação mística", procedimento que reteve sua eficácia nos tempos modernos e é, "espiritualmente falando, acessível a qualquer pessoa em qualquer tempo". Quando Gil passa a tocar e cantar as músicas de Jorge, ele está transformando algo que era apenas da ordem do percebido numa coisa que é diretamente experimentada, vivenciada. Está atualizando no corpo, com seus próprios músculos, mucosas e ossos, uma nova relação com o violão e com a voz.

Experimentando novas configurações rítmicas, flexibilidade e simplificação harmônicas que representavam, a um só tempo, restrições e também possibilidades inéditas de liberdade na música brasileira. Na antevéspera do tropicalismo, Jorge Ben espantava e desinibia um Gil que ainda buscava um caminho próprio em meio ao universo bossanovista da canção popular.

De certo modo, o fascínio de Gil por Ben estava antecipando a "elucidação conceitual" que o programa tropicalista iria empreender pouco tempo depois, e que previa, entre outras coisas, um ataque aos rígidos critérios de avaliação em voga e a abertura de possibilidades de *involução técnica voluntária* (retomarei adiante esses conceitos do poeta e ensaísta Antonio Cícero). Era maravilhoso que Jobim tivesse posto mais de cinquenta acordes em "Chega de saudade", ou que João Gilberto fosse capaz de reharmonizar um clássico da Era do Rádio injetando nos espaços criados pela batida do seu violão sutilíssimas e inesperadas transições harmônicas. Mas nada disso fazia com que essas peças fossem necessariamente mais interessantes ou melhores do que um rock ou um baião com meia dúzia de acordes — ou menos — que não tinham na dimensão harmônica o seu principal plano de elaboração. Tampouco isso queria dizer que um compositor adestrado na densa floresta harmônica de Jobim não pudesse optar por uma simplificação dos acordes para fins de efeito expressivo. É desse modo que tanto "Alegria, alegria" quanto "Domingo no parque", duas canções emblemáticas da explosão tropicalista, adotaram um método harmônico de cortes bruscos e acordes (em grande parte) perfeitos que contrastava vivamente com a fluência e complexidade da harmonia bossanovista. Na cabeça de um músico de visão ampla como Gilberto Gil, o artista deveria ter a liberdade de um Pablo Picasso, que pintava em estilo cubista pela manhã e neoclássico à tarde, cada estilo apresentando problemas próprios pertencentes a aspectos distintos de sua identidade. Os tropicalistas souberam se multiplicar. Como diria mais tarde Gil: "Há várias formas de fazer MPB, eu prefiro todas."

Não demorou muito para Caetano rever a sua avaliação inicial de Jorge Ben. Em 1967, após ouvir as faixas do LP *O Bidú: silêncio no Brooklin*, ele percebeu "o quanto a intuição de Gil tinha sido mais profunda e abrangente". Caetano faz, em *Verdade tropical*, comentários específicos sobre a canção "Si manda", definida por ele como "um híbrido de baião e marcha-funk, cantado e tocado com uma violência saudável e uma natural modernidade pop que nos enchiam de entusiasmo e inveja". Destaca "a atmosfera de alegria física genuína" que emanava da presença de Jorge Ben, e de como ele encarnava um ideal de "saúde" que passaria a ser um dos principais critérios de julgamentos e apreciações do tropicalismo: "Saúde era o que exalava da figura, do timbre, das ideias de Jorge Ben. A própria atração pela cena pop norte-americana era já para nós a essa altura um sinal de 'saúde'". A "agressividade alegre" de "Si manda", com seus traços crus de samba de morro e blues, é descrita por Caetano como "a encarnação dos nossos sonhos".

> Parecia-me que minha "Tropicália" era mera teoria, em comparação. Uma tentativa de tratado sobre aquilo de que "Si manda" era um exemplo feliz. Jorge Ben, sem criar uma "fusão" artificiosa e homogeneizante, apresentava um som de marca forte, original, pegando o corpo de questões que nos interessava atacar, pelo outro extremo, o do tratamento final, enquanto nós chegávamos a soluções variadas e tateantemente incompletas nesse campo.

A recusa tropicalista em buscar um som homogêneo capaz de se cristalizar em um estilo musical acabado encontra na originalidade espontânea de Jorge Ben uma espécie de modelo ideal. Um modelo dinâmico, descompromissado, que se esquivava, em seu perpétuo movimento, de definições e rótulos, e que se operava a partir da música. Ou seja: de modo direto, não conceitual, sem divisão entre pensamento e ação, Jorge apresentava em música a integralidade do seu ser. Era um tropicalista *avant la lettre*. Caetano e Gil admiravam o modo desembaraçado como a voz e o violão de Ben expunham a resolução prática e imediatamente sensível de questões candentes sobre as quais eles se debruçavam conscientemente, mas sem ainda conseguir respostas à altura delas. O que mais impressionava era a liberdade de Jorge. Foi desse modo que ele se tornou um símbolo, um mito, um mestre e uma das principais fontes de inspiração para Gil, Caetano ("desde aquela época imitei alguma coisa do seu jeito de fazer poesia e de cantar"), e também para outro importante compositor tropicalista, Tom Zé. Este chegou a reconhecer numa entrevista sua dívida com Jorge Ben, que, ao deixar de lado a primazia do desenvolvimento harmônico, parece ter aberto uma alternativa de modelo construtivo para a canção. Quando perguntado sobre canções como "Mã" (do LP *Estudando o samba*), que não têm variações e erguem-se exclusivamente sobre a justaposição de elementos que vão adensando cada vez mais a trama sonora, até finalmente acabar, Tom Zé respondeu: "Quando fiz isso, me apoiei muito em Jorge Ben; mais nele do que em qualquer pessoa. Era minha primeira tentativa de *melos* com um acorde só." Do "Samba de uma nota só" da bossa nova, Jorge criou o "samba de um acorde só".

Como bom navegante musical, sem rótulo e sem filiação definida, transitando entre mundos oponentes, entre o Fino da Bossa e a Jovem Guarda, por volta de 1969 Jorge Ben se aproximou do grupo tropicalista. Começou a fazer participações no programa de televisão *Divino Maravilhoso*. A aproximação dos tropicalistas acontecia num importante momento de retomada da própria carreira, após um período de maré baixa, marcado pelo insucesso comercial do disco *O Bidú: silêncio no Brooklin*. Anterior (ou posterior) às divisões conceituais, às categorizações que separam as coisas no mundo, que estilhaçam a unidade do mundo numa série de subconjuntos, Jorge cultivava um imaginário rico e indiferenciado, sem distinção de campos, no qual tudo poderia ser combinado com tudo. Certamente foi esse um dos pontos que o aproximou da "geleia geral" dos tropicalistas. A lógica radicalmente inclusiva do grupo baiano — beirando o ecletismo anárquico — oferecia um lugar de honra para um artista que era inclassificável, que não se encaixava confortavelmente em nenhuma das filiações correntes da música popular. Eles nada exigiam de Jorge além de que fosse fiel a si mesmo ("Quando eu disse que minha música era diferente da deles, responderam: 'Não faz mal, você vai cantar sua música, a música que você está fazendo.'").

A essa altura, o tropicalismo já havia ampliado consideravelmente o repertório de possibilidades expressivas da canção popular através de uma livre assimilação de elementos antes excluídos do campo da MPB. Sob o risco de uma perda de critérios, abriu as fronteiras da música brasileira para o fluxo migratório. Com isso, acertou os ponteiros de nossa canção com o momento do mundo (sobretudo do mundo jovem), criando assim condições de acomodar melhor temas de grande atualidade nos anos 1960. A canção deveria se tornar capaz de refletir e comentar — em tempo real — a turbulência do mundo contemporâneo. Deveria, com o filtro específico de sua linguagem, ser capaz de mediar a totalidade da experiência daqueles tempos revoltos, ao invés de permanecer ensimesmada em seus mitos, nos chamados da tradição. Ao flexibilizar a linguagem, o tropicalismo injetou uma nova rapidez na música brasileira. Era mais importante *entrar no fluxo do mundo* do que ficar definindo se isso ou aquilo era ou não música brasileira (o problema passa a ser, então, o de saber como se dá essa entrada a partir de um lugar periférico). De algum modo, Jorge já vinha fazendo isso. Seu álbum de 1969, *Jorge Ben*, tocava indiretamente em temas candentes na época: conquistas espaciais e consciência racial ("Take it easy my brother Charles"), liberação feminina ("Barbarella"), violência e exclusão ("Charles, anjo 45"). Só que aquilo que em Jorge Ben parecia ser uma decorrência normal de sua imensa capacidade assimilativa — e que se realizava intuitivamente —, para os tropicalistas tornou-se uma estratégia consciente de atuação político-estética.

De vários modos tentaram os tropicalistas se apropriar do presente. Criar atritos diretos com a tradição e submetê-la sem dó aos influxos do contemporâneo revelou-se um dos métodos mais eficazes para obter da canção popular novos sentidos e atualizar seu alcance estético, sua ressonância pública. Tal manobra foi quase uma marca registrada do movimento. Caetano, Gil e Tom Zé não se cansaram de tensionar a tradição, criando estranhamento e eletricidade a partir do encontro de ideias, imagens e símbolos que, a princípio, "deveriam" andar separados: astronautas tecnológicos e ritmos rurais, em "2001" (Tom Zé e Rita Lee); canções românticas singelamente brasileiras e óvnis no espaço sideral, em "Não identificado" (Caetano Veloso); jangadas e antenas parabólicas, em "Parabolicamará" (Gilberto Gil).

E tal procedimento exigia, sobretudo, um alto grau de consciência. Era necessário saber o peso e analisar as possibilidades da tradição frente ao vertiginoso carrossel de mudanças nos anos 1960. Talvez seja possível falar da abertura de uma nova camada de consciência na música popular. Isso exigia que Caetano, Gil e Tom Zé fossem não apenas grandes artistas, mas também grandes críticos da canção. Aparentemente o tropicalismo foi, antes de tudo, uma conquista reflexiva.

Essa conquista reflexiva não desaguou, no entanto, numa "evolução técnica" empreendida a partir da bossa nova, mas numa "elucidação conceitual" que buscava manter aceso o ímpeto experimental da canção, sua abertura para a diferença, ao invés de aprisioná-la em formas consagradas. Visto novamente no contexto histórico do anos 1960, é fácil perceber o modo como esse pensamento estético serviu de metáfora para questões mais amplas sobre a inserção do Brasil no mundo. O anseio por abertura, por multiplicidade, pela permanência da mudança em contraposição à defesa do já estabelecido, fez com que desde o início os tropicalistas abdicassem da busca por "um som homogêneo que definisse o novo estilo, como escreveu Antonio Cícero. A assimilação das informações da Modernidade não se restringe ao âmbito estritamente musical, mas é também capaz de contrabandear para o campo da canção raciocínios construtivos inspirados em outros campos, como o cinema e as artes plásticas. É nesse sentido que, discorrendo sobre o processo de construção da música "Alegria, alegria", Caetano fala das "colagens tropicalistas", das justaposições de "retalhos musicais" que se entrechocam, e de como "tomávamos os arranjos como readymades", evocando para falar de sua música um conceito-chave da arte conceitual. Tudo isso ia contra a noção de um desenvolvimento orgânico de estilo ou da fixação em um gênero específico. O que interessava a Caetano era manter viva a possibilidade, aberta pela bossa nova, de utilizar "a informação da modernidade musical" na renovação da música popular brasileira. Era, portanto, uma atitude de abertura que ia na direção contrária ao clima de resguardo e isolamento defensivo que passou a caracterizar boa parte do meio musical brasileiro depois do triunfo da bossa nova. Para Antonio Cícero, é justamente essa renúncia à tentativa de forjar um som homogêneo que "mostra a novidade radical do tropicalismo, situando-o não no âmbito da evolução técnica, mas no da elucidação conceitual". Com isso, os tropicalistas puderam pairar muito acima das definições de estilo, transitando com impressionante liberdade entre a bossa e o rock, o baião e o reggae, a valsa e o pop. Era a marca pessoal da dicção específica de cada um deles (ao lado da construção de uma sólida persona pública, graças à popularização dos programas de TV) o que mantinha a unidade na diferença, e não mais a identificação com esse ou aquele estilo musical.

Ao contrário do que aconteceu com Gil e Caetano, a entrada de Jorge Ben na música se deu a partir da descoberta, ou da criação prematura, de um jeito singular de tocar, cantar e compor. O estilo, em Jorge Ben, jamais precisou ser perseguido, pensado, mas foi algo que se estabeleceu desde o início qual emanação espontânea e natural do próprio ser. Quase um acidente. Ou uma fatalidade, o que dá no mesmo. Em 1962, ao ser convocado para o serviço militar, ele ganha de sua mãe um violão para lhe fazer companhia no quartel. No ano seguinte, em 1963, grava o 78 rpm com "Mas que nada" de um lado e "Por causa de você" do outro, e desponta imediatamente para o estrelato. É como se ele já estivesse pronto. No caso de Jorge Ben, vale como nunca a máxima *o estilo é o homem*. Ainda que tenha experimentado mudanças ao longo do tempo, ele simplesmente não existe fora do seu jeito específico de compor, tocar e cantar. Nesse sentido, está mais próximo do espontaneísmo místico de Dorival Caymmi, para quem a música, as canções e o estilo não dependem muito da vontade nem decorrem de qualquer esforço direcionado, simplesmente acontecem. É preciso apenas abrir o canal. A "nova síntese", da qual "fugiam" os tropicalistas, constituía o fundamento artístico básico de Jorge Ben: desde o começo ele existia porque *ela* existia. "Mas que nada" parece ser o mais eloquente exemplo disso: é a primeira canção gravada por ele. Já havia nela a revelação imediata de um estilo ultrapessoal, capaz de reverberar em todas as dimensões do acontecimento musical.

E mais uma vez o ponto de partida era João Gilberto. Foi tentando imitar o cantor baiano que Jorge encontrou uma resposta muito própria ao jeito da bossa nova. Tentando copiar as harmonias complicadas do intérprete baiano, ele chegou a sua própria estilização do samba. Afinando a corda Ré em Sol, conseguia afirmar ainda mais uma sonoridade singular para o seu violão, apelidado por ele de "pinho envenenado". Cantava pra fora, cheio de guturalidades e sujeiras. Reforçava os "R"s como os cantores da década de 1930-40. Muitas vezes exagerava caricaturalmente para fins expressivos, como no "voxê" da canção "Por causa de você", ou no canto espalhafatosamente choroso de "Gabriela". Enfim, não se tratava mais de um simples desenvolvimento da bossa nova, mas de algo que trazia a desconcertante marca da invenção. Quando isso acontece, são comuns depoimentos históricos com expressões do tipo "aquilo surgiu do nada", ou "não dava pra saber de onde vinha aquilo" — comentários que tentam captar um sentido de ultraoriginalidade.

Relembrando a sensação que teve ao ouvir pela primeira vez "Mas que nada", Tárik de Souza comentou:

Ele é um enigma, porque ninguém sabe de onde vem a música de Jorge Ben. Se você procurar, quase todos os artistas brasileiros tem antecessores, que você vê traços na obra. O Tom Jobim você vê Villa Lobos, você vê Stravinsky, você vê Debussy, vê também Ary Barroso etc. O Jorge é um caso raríssimo, porque não tem ninguém que você possa dizer: "Bom, o Jorge Ben vem daí"! Não é Jackson do Pandeiro, não é o pessoal do samba tradicional, também não é um cara que: "Ah, esse cara trouxe o rock pro Brasil", como o Tim Maia trouxe o soul pro Brasil, não é verdade. Ele faz samba com algum tempero de música pop, rock, que depois ele foi ampliando, chegou até a juntar samba enredo com disco music, fez algumas fusões assim, mas ele realmente é um enigma, porque foi uma alquimia mental dele que transformou o samba no que ele fez. Ele criou um samba dentro do samba, que não é nada, nenhuma escola que existia, não é nada que existia, é uma coisa totalmente original, uma coisa totalmente dele. Aliás, o primeiro samba dele ele já se apresenta: no "Mas que nada", ele fala: "esse samba que é misto de maracatu" — maracatu naquela época ninguém ligava, maracatu era coisa regional, só se falava em Pernambuco e tal... e ele já traz o Maracatu pra cá.... "é samba de preto tu", que são os pretos bantos, que são realmente a origem da música afro-brasileira. Como é que ele tirou isso? Como é que ele descobriu tudo isso? Como é que ele chegou nessa fusão? É dificílimo saber. Eu acredito que ele mesmo não tenha explicação disso. É uma coisa natural nele. O Jorge Ben é uma força da natureza.

Jorge Ben é um desses enigmas que por vezes despontam no horizonte e jogam nova luz sobre a vida brasileira. É tanta coisa que passa através dele e que nele encontra uma resolução inesperada e original, que é difícil filiá-lo a uma lógica de desenvolvimento histórico, a uma linha temporal, com seu antes e depois. De certo modo, Jorge parecia um pouco subtraído ao tempo. Surgido na maré vazante da bossa nova e na antevéspera do Tropicalismo, podia ser visto como uma espécie de *anacronismo dançante*. Ao mesmo tempo, participava com intensidade e refletia com luz própria muitos dos aspectos cruciais de seu tempo. O preço a ser pago por tanta autonomia foi a incompreensão de parte substancial da crítica especializada, que simplesmente não possuía ferramentas para abordá-lo. Foi prontamente tachado de "primitivo". E, pelo menos em dois sentidos, ele pode, de fato, ser visto como primitivo. Primitivo, primeiramente, no sentido do selvagem. Pela forte energia irradiada por sua música e pela imediata solicitação do corpo, operada via ritmo. Em suma, pela *força bruta* (título de um dos seus álbuns) do movimento emanado por seu som. Mas primitivo também em outro sentido, um sentido associado à inocência do universo infantil: pela aparente falta de freios e de medida; pelo alto grau de irracionalidade das letras, seu aguçado senso de nonsense. Em Jorge Ben o selvagem e a criança convergem numa única figura. Há uma completa falta de distanciamento entre artista e obra, que se desdobra na ausência de qualquer traço de ironia. Jorge muitas vezes é engraçado, charlatanesco e até malicioso, mas nunca irônico. Ele parece sempre inteiramente presente e implicado no que faz. Toca o que sente, e não o que pensa; toca o que a sua intuição lhe dita. Há mesmo um sentido de pureza nisso tudo. "Nada de fictício, tudo 'Verdadeiro' — pelo menos em seu mundo pleno de mistérios do Oriente e do passado, filosofia, senso comum, quadrinhos e africanidades", escreveu sobre ele o jornalista Tárik de Souza, em meados dos anos 1970. Da visão de uma mulher nadando no mar em meio a um temporal nasceu o clássico "Chove chuva". "Descobri que sou um anjo ", faixa do LP *Jorge Ben* (1969), veio de um sonho: "Eu estava lá em casa, no Rio, então sonhei que acordei e estava voando... Aí, eu fui até a rua, olhei assim tudo vazio, saí correndo. Quando dei por mim, já estava voando entre as estrelas. Aí eu descobri que era um anjo." Jorge Ben projeta sobre o mundo um olhar crédulo, quase inocente. Incorporou à sua música a sensibilidade da criança.

Somente a alegria espontânea do seu jeito de tocar e de cantar, indicando algo que se produz de modo pré-reflexivo, livre das amarras do pensamento analítico, já justificaria uma aproximação do estilo de Jorge Ben com o universo infantil. É como se sua música fosse um desdobramento natural de suas paixões, uma decorrência orgânica do seu estar no mundo: a singela manifestação do prazer de viver, da alegria de simplesmente existir. Em Jorge Ben, os canais de comunicação entre música e língua, consciente e inconsciente, pensamento e ação parecem permanentemente abertos. Sua musicalidade decorre de um ato direto da intuição. Até a maneira de compor canções partindo de textos que não foram inicialmente destinados a isso — textos sem rimas, repletos de arestas e de palavras sem fluência sonora, às vezes copiados de jornais, livros e enciclopédias — aponta para um modo peculiar de aproximação da matéria musical. Como num passe de mágica, sem qualquer marca de esforço ou rastro da presença de um saber técnico, as palavras tornam-se canção. Isso transmite a sensação de uma superabundância musical, geradora de intensa vitalidade, como se todas as ações humanas pudessem ser acompanhadas de melodias e canções, retirando delas a energia necessária para a sua realização. Dito de outro modo, a persona artística de Jorge Ben parece habitar um mundo anterior à razão autorreflexiva e aos rigores e excessos da autoconsciência. Um mundo livre de seus efeitos colaterais mais comuns: a censura, a hesitação, a interrupção do fluxo contínuo da presença, a frieza, o intelectualismo, a perda da naturalidade e de encantamento. Mundo regido por um estado contínuo de liberdade de improviso. Anterior ao erro. Mundo infantil.

5. Jorge e a coragem

Uma coragem sem limites flui de certas músicas de Jorge Ben. Coragem não significa ausência de desespero ou de medo. Ela é antes a força de seguir adiante *apesar* do desespero e do medo. As pessoas alcançam valor e dignidade a partir das inúmeras decisões tomadas todos os dias. E essas decisões exigem coragem. Não se trata de uma virtude ou valor, entre outros valores pessoais, como o amor ou a fidelidade. A coragem é antes o fundamento primordial que sustenta e possibilita as virtudes e valores. Sem ela, o amor fenece em mera dependência, e a fidelidade se torna conformismo. Muitas canções de Jorge Ben inspiram uma atitude de coragem diante da vida. Ao ouvi-las, somos atingidos por uma espécie de força em expansão, de descarga elétrica, de energia puramente afirmativa, libertadora. Através delas sentimos renovada nossa crença nas capacidades do indivíduo. "Ninguém precisa ser a vítima da própria biografia", é o que parecem nos dizer muitas canções de Ben.

Jorge é um compositor que exalta o ideal de *vida guerreira*. A coragem jamais é confundida com o simples uso da força bruta, sem direção, mas deve sempre ser conformada pela verdadeira sabedoria. A impressão é de que se pode efetivamente aprender a viver a partir das canções de Ben. Elas carregam diretrizes éticas, ensinamentos, possuem um jeito próprio de enfatizar valores fundamentais. "Preciso de carinho / pois eu quero ser compreendido", ele canta em "É proibido pisar na grama". Em "Paz e arroz", outra canção construída em torno do verbo "precisar", Jorge lista suas necessidades afetivas: um cachorro, um grande amigo e alguém que o trate com carinho, que "fale de amor", "das coisas lindas da vida" e "das coisas lindas da paz". Em "País tropical" ele relativiza a necessidade de sucesso opondo-a a um grau modesto, porém fundamental de consideração e reconhecimento: "Eu posso não ser um *bandleader*, pois é / mas assim mesmo lá em casa / todos os meus amigos / meus camaradinhas / me respeitam."

O modelo exemplar de uma atitude baseada na coragem de afirmar valores é sintetizado no ancestral arquétipo do herói. Em "Domingo 23", a primeira aparição do Santo Guerreiro em sua lira, Jorge começa descrevendo os imponentes apetrechos de batalha — o cavalo branco, a "armadura e capa", a "espada forjada em ouro" — para logo depois focar no "gesto nobre", no "olhar sereno de cavalheiro, guerreiro e justiceiro". Conforme a letra migra dos atributos materiais para as qualidades de ordem espiritual, o canto se torna mais suave e sonhador, menos combativo, a melodia ganhando contornos mais relaxados. Aos poucos, um composto de virtudes e atributos físicos vai definindo a figura do herói, que é finalmente qualificado como "imbatível ao extremo", a maravilhosa, "hiper-hiperbólica" formulação poética do que não pode ser destruído, daquilo que resiste, do que é inquebrantável. Tamanha evocação de poder será, no fim da canção, justificada com um dos mais bonitos versos da música brasileira: "Pois com sua sabedoria e coragem / mostrou que com uma rosa / e o cantar de um passarinho / nunca nesse mundo se está sozinho." O guerreiro revela sua força maior no delicado reconhecimento do que é simples, belo, essencial. Coragem e sabedoria são integradas: uma não poderia realizar-se plenamente sem a outra.

Nas canções de Ben a crença de que cada ser humano é responsável pelo próprio destino, de que a vida está em suas mãos é emoldurada pelo drama da condição tradicionalmente desfavorecida do negro no Brasil. Suas músicas têm, por assim dizer, um alvo preferencial: os descendentes de africanos cujos antepassados foram, na grande maioria, transplantados ao Novo Mundo no andar mais baixo do edifício social, para servir como mão de obra escrava. À abolição legal, aquela de 1888, que libertou *na lei* os corpos dos escravos, faz-se necessária uma outra, ainda mais difícil e sofrida, capaz de englobar a totalidade da existência. É preciso, de certo modo, romper os grilhões do passado, do fio que religa o indivíduo a uma sombria herança histórica. Refazer a narrativa do indivíduo ao mesmo tempo que se reescreve a biografia de um povo. Partindo de uma posição estigmatizada de menos-valia, os desafios são imensos para os que trazem consigo o peso dessa herança. Nesse contexto, a coragem torna-se um elemento central na afirmação da honra e da dignidade. Há uma tônica constante na necessidade de ter satisfação consigo mesmo, com o que se tem e com o que se é. Com um fusca, um violão, uma nega chamada Teresa e o Flamengo no coração faz-se um homem feliz, habitante de um utópico país tropical. A satisfação com o mundo aparece como simples decorrência desta satisfação primeira. Somente uma intensa afirmação do *eu* é capaz de fazer com que, mediante atos de coragem, o *ser* ganhe realidade. Só assim o indivíduo torna-se inteiro. Só assim será capaz de conquistar valor social e de conferir à própria existência um caráter grandioso.

No início dos anos 1970, Jorge começa a compor uma série de canções que descrevem seres magníficos, sob todos os aspectos admiráveis, capazes de grandes feitos. Torna-se um *aedo*, um trovador capaz de eternizar em canções as façanhas épicas de incríveis heróis. Muitos desses heróis serão negros, e talvez não seja exagero dizer que, naquele momento, Jorge estava criando uma mitologia negra na canção popular brasileira, que buscava insuflar autoconfiança e coragem entre os filhos da escravidão.

Não raro as canções de Ben clamam por honra e dignidade, pois sobre elas se erige a verdadeira autoestima. Num trecho da gravação de "O vendedor de bananas", do disco *10 anos depois* (1973), Jorge grita desesperado, com a voz rouca, falhada, "mãe, eu vendo bananas, mãe!", enquanto o violão se movimenta freneticamente, descolando-se do ritmo geral, como se quisesse se libertar. Depois completa: "Mãe, mas eu sou honrado, mãe!" A passagem é estranha e comovente. Tem algo de cômico, de trágico, e também de afirmativo. É alegria filtrada em meio a um monte de coisa ruim. A música de Ben é sempre uma "volta por cima". Só ele poderia transformar um vendedor de bananas num tipo que reivindica e afirma sua honra, sua glória ("pois vendendo bananas eu também tenho o meu cartaz!"). Fosse esse tema passado para outro compositor qualquer, e teríamos talvez um retrato indulgente e melancólico do pária que perambula pelas ruas gritando o seu ridículo pregão: "Olha a banana, olha o bananeiro." Ou quem sabe a caricatura maldosa e politicamente incorreta de um pobre coitado. Mas o vendedor de bananas de Jorge Ben não é nada disso. Já saiu da posição de coitado há muito tempo. E a força responsável por retirá-lo dessa posição vem do movimento de expansão emanado por sua música.

Trata-se de um movimento que é posto em andamento desde sua primeira canção gravada, "Mas que nada". É imensa a força produzida pelo refrão inicial, o "ôoôoô, ariá-raiô, obá, obá, obá", e não à toa ele se tornou mundialmente famoso. Embora gerado no oco da garganta, o som vibra na direção dos membros inferiores; diz respeito aos pés no chão. "Mas que nada" é música de terreiro, e realmente sua matriz remonta a um ponto de macumba — anônimo e imemorial, feito da poeira do tempo —, que Jorge estilizou e desenvolveu em uma espécie de canção-ideal. O canto parece criar uma conexão imediata, visceral, com a terra. Situa o corpo que canta em um eixo, ancorando-o, e abre então caminho para a expansão de energia. Algo quer passar, quer *ultra*passar. Tal princípio de expansão é maravilhosamente traduzido no verso "mas que nada, sai da minha frente que eu quero passar". O prazer vem, em grande parte, do sentimento de vitalidade produzido por um corpo que subitamente ganha consciência de sua liberdade, de sua capacidade de multiplicar-se no espaço. É provavelmente o que sentem as pessoas que cantam e dançam as várias versões dessa música nas pistas de dança do mundo inteiro. Trata-se de uma poderosa metáfora da relação tensa que o samba — dispositivo de expansão e liberação dos corpos — manteve com a escravidão — dispositivo de retração e aprisionamento dos corpos.

A música de Jorge Ben é repleta de momentos como esse — o coro inicial de "Os alquimistas estão chegando" seria outro caso exemplar. É o movimento que está em jogo, o fluxo de energia que gera ação. Representa a antítese de tudo o que há de aéreo e puramente contemplativo na atmosfera levemente onírica da bossa nova, com suas paisagens de terraços à beira--mar, fotografias estáticas e barquinhos deslizando macios no azul do mar, como figuras de uma tela impressionista. Se fosse possível tirar uma foto da música de Jorge Ben, certamente sairia uma foto borrada: o movimento das pernas de Fio Maravilha driblando dois zagueiros; ou de Umbabarauma, o ponta de lança africano, chutando, driblando, fazendo o gol e correndo para a torcida; ou das luvas de Muhammad Ali nocauteando o adversário... Grande parte da obra de Ben será construída sobre esse princípio de liberação energética, de expansão. Do uso aparentemente desgovernado, descontrolado da voz (com trejeitos estilísticos que remetem a uma escola negra de canto) ao tremendo impulso rítmico do violão, quase tudo será expressão de um movimento centrífugo, intenso e libertador.

Essa força de expansão emanada pelo movimento da música de Jorge Ben tem uma forte afinidade com o estilo épico. O épico é a categoria estética da epopeia. Ele pressupõe um tipo de tensão que coloca em jogo forças em intensa oposição. Nesse sentido, ele se aproxima do trágico. O que diferencia os dois é um certo dinamismo. Ainda que altivo e orgulhoso, sem jamais desistir, no trágico o herói é sempre vítima. O trágico nada mais é do que um longo processo de demolição do herói, que se completa na realização de um destino fatal e inelutável. No épico, ao contrário, a ação do herói sempre pode modificar o universo da obra. Os futuros jamais são definidos a priori pela fatalidade dos acontecimentos, mas ainda estão por ser criados. O épico é movimento, e movimento realizador por possuir um caráter de expansão grandiosa. As forças de tensão não estão concentradas sobre um ponto-chave — como acontece na categoria do dramático — mas dilatam-se. O épico é centrífugo, e por conta disso necessita do imenso.

De algum modo, o próprio desenvolvimento estilístico de Jorge Ben passou a conduzi-lo na direção do épico. Como se sua música fosse paulatinamente se preparando para receber os heróis que ele só conhecia das histórias em quadrinhos e dos campos de futebol. Aos poucos, Jorge foi se distanciando do que havia herdado do *ethos* bossanovista do começo de sua carreira. Conforme avançavam os anos 1960, foi ficando cada vez menos contido nos arroubos da voz e do violão. Seguindo os passos da época, tornou-se mais ostensivamente negro, na linha do refrão libertador do hit de James Brown: *Say it loud — I'm black and I'm proud* [Diga alto — sou negro e com orgulho]. A cabeleira cresceu e óculos escuros apareceram-lhe na cara. Ampliou sua presença no mundo. Em 1971 lançou *Negro é lindo* — tradução literal do slogan americano —, que o escritor Fred Coelho, num depoimento em *Imbatível ao extremo*, disse ser "mais bonito e mais potente do que o *black is beautiful*". Nesse álbum vibrou pela primeira vez a lira épica de Ben, cantando as glórias da mais importante personalidade negra do mundo naquele momento: o imenso, histriônico, sagaz, inteligente e belo Cassius Marcelus Clay, o Muhammad Ali, talvez o maior herói negro do século XX.

Ninguém foi capaz de popularizar o conceito de identidade africana entre os negros norte-americanos com tanta energia quanto ele. Num momento em que todos esperavam que um lutador negro se comportasse com deferência em relação ao público branco, Clay escandalizou a todos, recusando-se a assumir qualquer papel exemplar ou corresponder a expectativas. Desafiava a postura do negro bonzinho que "conhecia o seu lugar". Era orgulhoso, arrogante, teatral, falastrão, engraçado e carismático. Rebelde, recusou-se a servir o exército americano na guerra do Vietnã, alegando que "nenhum vietcongue jamais me chamou de *nigger*". Tornou-se um símbolo internacional.

Para entender a real dimensão do mito de Muhammad Ali é preciso lembrar que, na América do Norte, o boxe nasceu da própria escravidão. Como se fossem imperadores romanos no Coliseu, os latifundiários do Sul se divertiam promovendo lutas entre seus escravos mais fortes. Apostavam dinheiro em homens com pescoceiras de ferro, que lutavam quase até a morte. Depois, a luta se profissionalizou, e começaram a surgir os primeiros campeões brancos. O boxe tornou-se, desse modo, uma verdadeira metáfora racial no país. Os ringues se transformaram em campos simbólicos onde se disputava a primazia da superioridade racial. Nos anos 1960, quando Ali surge para o mundo, a metáfora havia se tornado ainda mais intensa. "Eu precisava provar que podia haver um novo tipo de negro", diria ele, "tinha de mostrar isso ao mundo." Ali era um mestre da movimentação no ringue, e da capacidade de imprimir seu ritmo próprio aos oponentes. Esvoaçava como uma pluma na correnteza. Um corpo solto e bailador, como poucas vezes se viu no boxe, portador de uma alegria e de uma liberdade que desafiavam o peso da herança escravista. Clay representava a mudança de ritmo de uma época. Era, como está dito na letra da canção de Ben, "o sucessor de Batman, Capitão América e Superman". O novo herói negro.

A transposição do mito de Ali para o contexto brasileiro fez com que Jorge Ben, em parceria com Toquinho, reunisse em torno da figura do lutador algo da diversidade da experiência negra nas Américas, misturando, conjugando na canção as heranças africanas do Brasil e dos Estados Unidos. Os atributos físicos do campeão americano são descritos com imagens de grandes monumentos norte-americanos (a Estátua da Liberdade, o *Empire State Building*), mas a sua dinâmica de movimento é evocada através da cadência de uma escola de samba ou do esquema tático de um time de futebol. Logo no começo da música um atabaque estabelece o ritmo inicial e a tonalidade africana; violinos trazem um ar grandioso ao mito épico de Ali, seguidos pelo violão de Ben, freneticamente acelerado e vivo, suingado e preciso; finalmente surge a voz, sibilando profeticamente os "S"'s do nome de Cassius Marcelus Clay, num registro extremamente concentrado, reverente, mítico. Jorge sobe um pouco e canta de modo derramado, como o de um pastor luterano, negro, ritmando trechos da bíblia sagrada (*holy bible*), dotando a declamação de uma nova densidade expressiva, alternando livremente português e inglês: "Salve!, narciso negro / salve Muhammad Ali / salve!, *fighty brother* / salve!, *king Clay*." O lutador é praticamente um deus grego. Em um dos momentos mais impressionantes da música, Ben batuca diretamente sobre o tampo do violão ao mesmo tempo em que reproduz com a voz, através de onomatopeias, a dinâmica de movimento do lendário lutador. Cria um complexo jogo de imprevisibilidades rítmicas, de ataques-surpresa, de deslocamentos de tempo. A energia e a força são dotadas de grande destreza; de uma prontidão corporal e de um domínio do espaço-tempo em tudo admiráveis; tornam-se leves, necessárias.

O sentido de expansão grandiosa está presente em cada partícula da canção. De fato, boa parte da obra de Ben é atravessada por um ímpeto de coragem que intuímos a partir de determinada *qualidade de movimento*. Trata-se do que há de propriamente físico na música. Daquilo que é irredutível a qualquer outro sistema de signos, mas ao qual se pode referir indiretamente através de analogias e associações com outros tipos de movimentos. Tendemos a associar os movimentos percebidos através da música com ideias e imagens que parecem exibir uma qualidade semelhante de movimento. "Tanto a música quanto a vida são percebidas como processos dinâmicos de crescimento e declínio, atividade e repouso, tensão e relaxamento. Tais processos são diferenciados, não apenas pelo curso e pela forma dos movimentos neles envolvidos, mas também pela *qualidade* do movimento", escreveu o musicólogo Leonard B. Meyer. Praticamente todas as nossas experiências são associadas qualitativamente, de modo intuitivo, com algum tipo de atividade ou movimento. Mesmo aquelas nas quais o movimento não parece diretamente envolvido. De revoluções a primaveras, tudo possui, para nós, um movimento característico. Este pode ser acelerado ou lento, calmo ou violento, contínuo ou esporádico, enérgico e material ou delicado e aéreo, com contornos bem definidos ou vagamente delineados.

É desse modo que *A sagração da primavera*, de Stravinski, com seus movimentos abruptos, imprevisíveis e sombrios, foi sentida como prenúncio da Primeira Guerra Mundial; que o final histriônico do *Bolero* de Ravel, com o adensamento progressivo da massa orquestral desenvolvendo-se cacofonia, foi associado ao aumento excessivo de produção que levou à famosa Crise de 29 (a cacofonia do capitalismo industrial). Na verdade, até formas estáticas são intuitivamente associadas com algum tipo de movimento. Pinturas e esculturas obviamente nos transmitem sensações de movimento. Mas também figuras geométricas mais ideais e abstratas, como círculos, quadrados e triângulos. Basta associar a cada objeto ou forma uma energia, pensar que são um conjunto de forças em equilíbrio, e que, portanto, indicam movimento. A partir de analogias com o movimento a música estende pelo mundo seu manto de significados.

É preciso também lembrar que a música opera a partir de sequências vibratórias que se dirigem não apenas à membrana do tímpano, mas ao corpo inteiro. O significado musical é literalmente desenhado na pele. Injetado nos ossos. Capaz de afetar todos os órgãos. Enquanto arte temporal *par excellence*, a música é capaz de simular a experiência corporal do tempo, sentido a partir de sutis qualidades de movimento. Desse modo, ela pode ir além de emoções específicas, individuais e conscientes, afetando diretamente as energias que animam a vida psíquica e reproduzindo para nós a mais íntima essência, o ritmo e a energia do nosso ser espiritual. Parece que o grande trunfo da música vem justamente do fato de que, diferentemente das palavras, ela não *simboliza*, mas, antes, *mimetiza*. Ela é capaz de replicar os delicados padrões temporais de nossa sensibilidade interior, representando com sutileza nossa extensa variedade de sentimentos. Não apenas aqueles que são abertamente emocionais, mas também os mais suaves e fugidios movimentos da alma. A música "pode imitar não apenas a fúria da pantera, mas também o que a pantera sente ao caminhar, pular ou escalar. Isso é alcançado replicando-se os ritmos desses movimentos, modulando harmonias para imitar as tensões e relaxamentos do corpo, e fazendo melodias que seguem a geometria das ações físicas", escreveu Robert Jourdain no livro *Music, the Brain, and Ecstasy* [Música o cérebro e o êxtase]. Ao oferecer sofisticadas arquiteturas sonoras e complexas coreografias de movimento, a música pode corporificar, fazer com que experimentemos em nosso próprio corpo um jeito de estar no mundo.

As canções de Ben fornecem ótimos exemplos de conexão entre o sentido de movimento musical, sonoro, e a descrição narrativa de uma cena ou episódio também baseados em algum sentido de movimento. Em "Fio Maravilha", por exemplo, a descrição visual é perfeita: quase podemos testemunhar, da arquibancada do Maracanã, os sucessivos momentos que resultam no gol de placa. Esse seria o plano da "pintura" na canção de Ben. Mas a canção vai além disso, porque realiza em nós algo da cadência do batimento cardíaco do torcedor diante de um lance de beleza e glória que jamais irá se repetir. Desde o solo de baixo da introdução, "Fio Maravilha" estabelece uma atmosfera épica. A imagem vai sendo paulatinamente construída, em sutis acréscimos de tensão e euforia. Da localização temporal do lance "aos 33 minutos do segundo tempo", numa situação de partida empatada ("um e um"), aos zagueiros que vão ficando para trás, junto com goleiro, culminando no momento cabal do gol, a canção parece apenas confirmar o destino de um grande feito. Tudo se desenrola numa espécie de câmera lenta, como se estivéssemos vendo um *replay* em vídeo, ou como se fosse essa a temporalidade realmente sentida quando estamos diante do que é belo. Realmente, parece que a beleza "desacelera" o tempo.

O domínio de Ben é tão grande que os momentos em que ele caracteriza a figura do herói (Fio Maravilha) são cantados em registro solene, num tom que busca trazer uma aura de sagrado para a música. As palavras são ditas com vagar e peso, alongando-se os grandiosos "ãos" das últimas sílabas ("e novamente ele chegou com inspiraç*ão* / com muito amor, com emoç*ão* / com explosão em gol"). Mas na parte propriamente ocupada em descrever a jogada em campo ("tabelou, driblou dois zagueiros / deu um toque, driblou o goleiro"), o canto torna-se mais dinâmico e ritmado, ele próprio mais veloz e driblador, com ataques e pausas imprevistas. Em seguida retoma a cadência mais lenta e solene de quem narra um evento mítico, voltando seu foco novamente para os atributos espirituais do jogador. A sabedoria é revelada a partir da própria ação, da atitude do protagonista: "Só não entrou com bola e tudo / porque teve humildade em gol." O gol é louvado não apenas por seu aspecto plástico, mas porque tornou as qualidades da alma do herói: "Foi um gol de classe / onde ele mostrou sua malícia e sua raça." Trata-se de uma "beleza total", por assim dizer; da percepção da existência de atributos espirituais na carne, presentes no gesto físico. Na parte final, as câmeras do cinema-canção novamente se voltam para as arquibancadas e a música toma a forma dos cantos de torcida. À "galera agradecida" só resta a consagração efusiva da persona do herói ("Fio Maravilha!"), a demonstração explícita de afeto ("nós gostamos de você!"), e o apelo para que outros momentos dessa magnitude sejam alcançados ("Fio Maravilha, faz mais um pra gente ver!").

O ponto é que Jorge Ben compreendeu que de pouco vale o placar e a vitória se estes não vierem acompanhados de um tipo de glória que só a experiência da beleza pode propiciar, se tudo isso não apontar, ainda que de modo indireto, para valores capazes de tornar a vida mais luminosa e bela, mais plena. Os versos que ele fez para Zico em "Camisa 10 da Gávea" são exemplares nesse sentido: "Pode não ser o jogador perfeito / mas a sua malícia o faz com que seja lembrado / pois mesmo quando não está inspirado / *ele procura a inspiração.*" A mesma "inspiração" que funda a gloriosa presença de Fio Maravilha na canção que levou o seu nome: "E novamente ele chegou / *com inspiração.*" O futebol não é apenas uma briga por vitórias, mas algo que está visceralmente ligado aos nossos mais profundos anseios de beleza. Somente quando tal beleza é atingida pode o torcedor (como parte de um povo) "fruir a si mesmo enquanto perfeição", para usar uma fórmula de Nietzsche sobre o efeito da obra de arte. Como diz a letra de "Camisa 10 da Gávea", "Cada gol, cada toque, cada jogada / é um deleite para os apaixonados do esporte bretão" ("Camisa 10 da Gávea").

Jorge toca fundo na psique do Brasil popular. Nenhum outro compositor conseguiu simbolizar com tanto vigor o substrato épico que está na base de nossa relação com o futebol.

Suas canções ludopédicas transmitem algo da essência da escola brasileira de futebol, da ressonância que esse esporte tem no imaginário da nação. Não são exatamente canções *sobre* o futebol, ou *sobre* determinados jogadores, mas canções que nos fazem sentir a força do mito do futebol no Brasil. Sua visão equivale em parte à de Nelson Rodrigues, que também enxergou no futebol um grandioso espelho poético da nação, mas com a diferença de que Jorge nunca se interessa pelas narrativas do fracasso, pelo que há de *shakespearianamente* trágico no esporte bretão. Seu interesse está inteiro na dimensão épica; na "guerra maravilhosa de noventa minutos", expressão usada por ele no tratado filosófico-cancional que é "Zagueiro". Tampouco há grandes apelos de transcendência, fugas para a eternidade, como na frase *rodrigueana* "o fla-flu começou 40 minutos antes do nada". Atos de bravura e beleza na arena mítica do lendário Maracanã são imortalizados na lira épica de Ben. Assim como acontecia na Grécia antiga, é o poeta quem confere e transmite a glória. É a dimensão épica de seu discurso mítico que vai permitir isso.

Se compararmos suas canções futebolísticas com as de outros compositores pode ficar mais claro o que estou querendo dizer. A música "É uma partida de futebol", do grupo Skank, por exemplo, em meio à louvação de signos referentes aos apaixonados torcedores ("a flâmula pendurada na parede do quarto"), e aos jogadores ("o distintivo na camisa do uniforme"), faz comentários objetivos sobre a relação entre o jogo e o placar ("bola na trave não altera o placar"), e sobre a necessidade de vitória ("eu posso chorar se ele não ganhar"). Os versos obedecem a uma métrica regular, caindo previsivelmente sobre os tempos fortes do compasso. A canção tenta nos convencer da presença do acontecimento ("está rolando uma partida de futebol", "que emocionante é uma partida de futebol"), mas jamais nos sentimos habitando o tempo dilatado, altamente emocional gerado por uma partida de futebol. O que ela marca é o tempo do relógio, do cronômetro, em tudo diferente ao tempo interior, psicológico, viscoso e elástico de uma partida de verdade. No fundo, o acontecimento (a "partida") continua sendo algo exterior à música.

Já a canção "O futebol", de Chico Buarque, segue uma trilha aparentemente oposta àquela do Skank. Aqui o esporte ganha ares longínquos de um devaneio histórico e afetivo. Referências a craques eternos (Pelé, Didi, Garrincha), da Era de Ouro do futebol brasileiro, convivem com expressões meio antigas ("estufar o filó"), que, enquadradas por uma sinuosa melodia de choro, trazem uma tonalidade sépia para as pinturas que a letra propõe. Chico é um mestre: enfatiza as qualidades de precisão ("de flecha e folha seca") e exatidão (a "firula exata") dos jogadores eternos, ao mesmo tempo em que expõe o potencial de vertiginoso delírio que delas advém. Aproxima-se da poética de João Cabral de Mello Neto (para quem "o brasileiro joga futebol como quem toca um instrumento musical") quando formula imagens como "vaga geometria" ou "paralela do impossível", no "sentimento diagonal de um homem-gol / rasgando o chão e costurando a linha". Qual o toureiro do poema de João Cabral, nessa canção Chico lembra aquele que "à tragédia deu número, / à vertigem, geometria / decimais à emoção / e ao susto, peso e medida". É uma pérola. Mas o ponto forte da música é a criação de uma metanarrativa que associa o ato de compor uma canção ao de jogar futebol. A forma é autoconsciente; a canção se dobra sobre si mesma. A "exatidão" e a "precisão" que Chico identifica como sendo atributos dos grandes goleadores do passado são também a habilidade que ele próprio dispõe para acertar não chutes, mas as palavras exatas e precisas sobre uma melodia para lá de oscilante, desenvolvendo-se sobre uma "vaga geometria" harmônica. A canção torna-se o gol do compositor. E este chega a interrompê-la (autodenominando-se modesto catimbeiro, e dizendo-a "capenga", mas no fundo regozijando-se de sua habilidade) para "captar o visual de um chute a gol" (na televisão?). O futebol transforma-se assim em etérea metáfora capaz de guiar a busca da "emoção da ideia enquanto ginga". No fim, Chico introduz uma estrofe baseada nas tradicionais locuções radiofônicas, que tentam reproduzir sonoramente a dinâmica de movimento dos jogadores em campo — "para Mané para Didi para Pelé...". A canção permanece trancada no campo reflexivo e rememorativo. Tudo nela remete a uma rarefeita atmosfera de pequenos pensamentos e lembranças, de imagens poéticas vagas, abstratas. A própria música não estabelece momentos de tensão bem definida, de contraste, tudo sendo diluído em sucessivas curvas melódico-harmônicas. Os afetos são sentidos com certo distanciamento temporal, com a nostalgia de quem olha antigos retratos. Em outras palavras, o futebol surge mais como ideia do que como presença, e a canção de Chico remete ao comentário de Paul Valéry sobre a estética autorreferencial da arte modernista: "Uma forma de drama na qual a consciência assiste a si mesma em ação."

Diferente é o caso quando Jorge Ben canta o futebol. Ao contrário do que ocorre na canção de Chico, em Jorge está tudo ali, *in praesentia*: Fio Maravilha *chega* com inspiração, para logo zarpar na direção do gol; Zico, o camisa 10 da Gávea, nos é apresentado em uma situação concreta de jogo: "*é falta na entrada da área*"; antes de ter esmiuçada a sua "ciência da grande área", o zagueiro já "arrepia" e "sai jogando". Tudo se passa na superfície da pele, na realidade cabal do movimento. E ali, nos eventos da carne, surpreendemos os vislumbres indiretos do espírito. Pois Jorge é, sobretudo, um compositor de grandes imagens — não apenas visuais, mas também *imagens-musculares*, na formulação de Einstein que nega enfaticamente que o pensamento acontece exclusivamente por meio de palavras, de abstrações mentais. A música de Ben parece dizer, junto com os versos de William Blake, que "a Energia é a única vida, e vem do corpo; e a razão é a fronteira ou a circunferência externa da Energia".

Como os gregos evocados por Nietzsche, Jorge é superficial *por profundidade*. Em suas canções experimentamos o vínculo entre o futebol e um desejo mais amplo de beleza. Uma beleza que se realiza no gesto, no balé corporal, em determinada qualidade de movimento que está intimamente relacionada à inteligência corporal específica de nossa formação etnocultural. Na base dessa formação estão o samba e a capoeira. Foi essa dança corporal diferenciada — incorporada, segundo Gilberto Freyre, no "pé ágil mas delicado do capoeira, do dançarino de samba, do jogador de foot-ball" — que converteu o jogo britanicamente apolíneo em dança dionisíaca. Foram semelhantes analogias de movimento que levaram Nelson Rodrigues a descrever o refinado estilo do craque Didi nos seguintes termos: "Numa simples ginga de Didi, há toda uma nostalgia de gafieiras eternas."

São profundos os elos que unem, no Brasil, as diferentes manifestações corporais de substrato negro-mestiço. Há, por trás delas, uma maneira específica de conceber o movimento, o fluxo rítmico que rege a existência inteira (o Cosmo). Formas plásticas semelhantes, de atualizar o corpo e de pensar com os músculos, se manifestam tanto no jeito de andar e de cantar, quanto no de dançar e de jogar bola no Brasil. José Miguel Wisnik identificou nisso um "lugar fora das ideias": "Vetor inconsciente por meio do qual o substrato histórico e atávico da escravidão se reinventou de forma elíptica, artística e lúdica." Trata-se do momento em que a cultura se torna corpo. Nesse caso, a tradição não mais se confunde com uma ideia do passado, mas é o próprio passado incorporado, realizando-se na carne, nos músculos, nos movimentos vitais. E Jorge Ben ocupa um lugar privilegiado no cruzamento sugestivo e emblemático da música popular com o futebol, tudo isso sendo decisivamente conformado pela presença viva da África no Brasil. Sua músicas ajudaram a enobrecer o esporte predileto da ralé negro-mestiça. Com o tempo, o futebol se converteria, junto com a música popular, em meio de ascensão social dos negro-mestiços, e também, com participação decisiva de Jorge Ben, em instrumento de combate ao preconceito racial. "Fio Maravilha", "Umbabarauma" (o ponta de lança africano), "O camisa 10 da Gávea" (mesmo que tenha sido feita para um jogador branco), são canções que concentram algo da beleza muscular e da alegria física intuídas nos melhores momentos do futebol brasileiro. Com isso, amplificam a sugestão de liberdade contida neles.

O ímpeto de coragem exalado pelas canções de Ben e a incitação a uma atitude heroica diante da vida não seriam simples decorrências das mensagens de suas letras, mas repousariam firmes sobre o fundo mais recuado daquilo que a sua musicalidade singular nos comunica em forma de movimento sonoro. Um impulso de coragem rumo à conquista da liberdade. É isso o que se depreende intuitivamente, de maneira pré-reflexiva, de seu próprio encontro com as forças de nossa tradição musical. Jorge é o momento de liberação de forças, de expansão épica, de potência criadora e mítica. É o momento em que máscaras de sofisticação cedem lugar aos instintos mais básicos (e também mais sofisticados), e aos impulsos mais plenos de energia. Uma energia específica, resultante de determinada cultura corporal, a mesma que emana dos grandes jogadores da escola brasileira de futebol.

Na lira de Ben a construção de heróis individualizados se completa na criação de mitos: aquilo que há de mais impessoal na humanidade. Pois o poder da música não se restringe ao universo dos microdramas de nossa vida interior. Do outro lado da lua está sua imensa capacidade de evocar e criar mitos.

6. Zumbi

Comentando num ensaio a movimentação da plateia — composta por jovens da periferia de São Paulo — de um show dos Racionais MC's nos anos 1990, a psicanalista Maria Rita Kehl elaborou a imagem de corpos que, dançando de cabeça baixa e com os pés rentes ao chão, pareciam arrastar as correntes imaginárias de uma escravidão mal abolida. O caráter combativo e direto das letras do rap sendo acompanhado por uma expressão corporal sisuda, forjada sobre o princípio do peso, da ocupação concentrada do espaço, da definição de um território próprio, muito mais do que sobre uma expansão jubilosa, leve e dançante. Ao movimento de expansão libertária contrapõe-se o de resistência. Corpos que não mais desejam ser apreciados pela elasticidade plástica de um Pelé, ou pelo sinuoso movimento de um passista de escola de samba. O ritmo mais marcado e definido do hip hop — sem o alívio do suingue, sem trejeito de cintura, sem amolecimento ou flexibilização do corpo, um ritmo aprisionado no duro embate com o real, ritmo explicitamente internacional, que não foi "corrompido" pelo mito da brasilidade (como foi o samba) — apoia a produção de um discurso mais "falante" do que "cantante". Discurso capaz de gerar uma poética negativa, baseada na exposição impaciente do absurdo óbvio das desigualdades sociorraciais no território brasileiro.

No rap dos Racionais, a ênfase recai sobre os ruídos das consoantes. O acelerado encadeamento das palavras reduz a duração das vogais, elementos básicos da expressão emocional do canto. Muito da força lírica da música popular brasileira veio, justamente, da exploração do rico espectro de vogais do português mestiço que aqui se desenvolveu, da exploração de uma certa índole da língua, uma espécie de jeito corporal que nos é sugerido pelo conjunto de sons disponíveis, e pelo jeito com que estes são articulados na criação de sentidos. E é isso que é recusado por boa parte da cultura do rap. Sons guturais, rascantes, sibilantes, explosões de oclusivas são usados para produzir imagens de tensão e violência, muitas vezes figurando no interior da linguagem algo da fúria sonora das armas de fogo, como o fuzil HK, "metralhadora alemã, ou de Israel" que "estraçalha ladrão que nem pa-pel", em "Diário de um detento" (como se a própria palavra "papel" contivesse o "pá-pá" dos tiros); ou o "clic-plau-plau-plau e acabou / sem dó e sem dor / foda-se sua cor", na letra de "Capítulo 4 versículo 3", a poderosa onomatopeia que narra o infortúnio de "manos" negros que, ao invés de unirem-se contra o opressor, continuam matando-se uns aos outros.

As consoantes trazem algum dado de realidade bruta para dentro das mensagens de desespero e de ódio dessas canções, de ruído instável e efêmero que não gera qualquer sentido de acolhimento e sobre o qual não é possível se apoiar. O universo das consoantes, composto por muitas asperezas (x, j), impactos (p, t, k), e sons perfurantes (s, f), estaria na antípoda do mundo sonoro infantil, quase exclusivamente dominado pela entoação mais liquescente, melódica e afetiva de vogais, por carícias sonoras, pois também o ouvido é uma "pele". Talvez Freyre tenha alguma razão ao colocar a nascente da poesia e da música brasileiras na boca do curumim que servia de intermediário entre índios e brancos no período da catequese; ou na boca do menino da casa-grande, africanizado pelo afeto e pela língua da ama negra; ou na boca dos ladinos, aqueles que logo cedo aprendiam a falar rudimentos de português e participavam de duas comunidades linguísticas diferenciadas, a casa-grande e a senzala. Talvez essa filiação ao universo da infância, ao afeto maternal, ao que se conservou de doçura em meio ao cenário cruel de uma sociedade escravocrata, talvez isso tenha tingido nossa língua com uma modulação de afeto íntimo e ideal, que encontra uma via de escoamento e de máxima realização estética pela voz da canção, em autores tão variados quanto Chico, Caymmi, Jobim, Caetano, Paulinho da Viola... Mesmo para quem não entende a língua portuguesa, algo desse afeto é transmitido pelo simples conteúdo sonoro das músicas.

As canções dos Racionais (e o rap, em geral) nos trazem o outro lado da moeda. Elas traduzem o processo de esgarçamento das relações sociais que acometeu as grandes cidades brasileiras de modo cada vez mais acelerado a partir dos anos 1980. Narram a perda de um lugar de pertencimento, de contato com a tradição. A tragédia de um mundo adulto aprisionado ao presente, alijado da possibilidade de retornos eventuais aos recantos da infância, e sem perspectiva de futuro. Parece que, nas periferias, o rap foi eleito como linguagem musical mais efetiva na exposição crua de um cotidiano de desagregação e violência, um cotidiano ainda regido pela lógica da "máquina de moer gente", da qual falava Darcy Ribeiro, a grande ferida aberta de uma sociedade erigida sobre a desumanização escravista. Os Racionais seriam, portanto, a encarnação presente (a mais brilhante e persuasiva) dos ecos da escravidão. Com a violência de suas consoantes, representam a perda da inocência: não estão mais fixados no sonho da integração harmônica de uma possível (desejável) democracia racial, mas na denúncia da lógica que continua reproduzindo a dinâmica da escravidão mais de um século após a sua abolição. "Seu comercial de TV não me engana/ eu não preciso de status nem fama/ seu carro e sua grana já não me seduz/ e nem a sua puta de olhos azuis." Estão fixados na realidade de horror vivida pelo extrato social mais baixo, predominantemente formado por negros e mestiços (simplesmente "negros", para os Racionais).

Certamente a retórica racial dos Racionais, instaurada em meados dos anos 1990, tem no nacionalismo negro de Jorge Ben, formulado nos anos 1960-70, um dos seus principais pontos de apoio. Mas, sob muitos aspectos, ela se diferencia deste. Também Jorge se inspirou nos movimentos raciais americanos. Desde o início da carreira ele excursionou por lá, onde chegou a passar temporadas mais longas. Mas, por algum motivo, suas canções são desprovidas de ódio ou ressentimento. A energia é abundante, mas jamais se torna violência. Sequer encontramos nelas a formulação de uma ideia de confronto racial, tão ao sabor do divisionismo norte-americano, onde "branco é branco, preto é preto, e a mulata não é a tal" (Caetano Veloso). A música de Ben é mais fluida, macia. Além disso, mesmo o rock, o soul e o blues incorporados por ele, tendiam a expressar as tensões raciais de modo mais brando do que os discursos mais radicais da época, e do que viria a fazer, posteriormente, a denúncia direta do rap, e estamos falando de um momento, o fim dos anos 1960, no qual os conflitos raciais atingiam nos EUA picos de tensão jamais vistos, com os *black panthers* e os *black power* em frenética ação, tachando de "inimigos da raça" os mulatos que não demonstrassem lealdade. A vontade de Jorge Ben era erigir um sentimento de orgulho de raça e de dignidade entre os negros brasileiros que fosse amparado na figura dos heróis como exemplos inspiradores de coragem e força para lutar — e foi esse o seu principal legado aos Racionais MC's —, mas sem que isso impulsionasse ódios e ressentimentos raciais.

Com seus heróis, Jorge buscava fazer, já no início dos anos 1970, o que Maria Rita Kehl enxergou como meta dos raps dos Racionais, já nos anos 1990: criar símbolos capazes de sustentar a autoestima dos negros brasileiros. E conseguiu. Não à toa o grupo de Mano Brown desde o início demonstrou grande afinidade com a figura de Ben, não apenas em sua identificação com a luta negra nas Américas e no reconhecimento orgulhoso da "mãe África" como lugar de origem, mas também na evocação do brilho de nobreza que iluminava o passado (real e imaginado) dos filhos da escravidão brasileira. Um passado de poderosos reis, príncipes guerreiros, transformando-se num presente de fantásticos jogadores de futebol e lutadores de boxe. Embora fale dela o tempo todo, curiosamente a palavra "escravidão" não aparece nas músicas de Jorge Ben nesse período. É como se ele se desviasse cuidadosamente dela, e de tudo o que ela implica de horror e miséria humana, para se fixar no aspecto mais puramente nobre da presença dos africanos no Brasil. Nas canções de Jorge Ben a condição de escravo não deve em hipótese nenhuma ofuscar o brilho de nobreza dos negros. Sua mãe, Silvia Lenheira, é descrita como "rainha da casa cor-de-rosa". Já no primeiro disco, ele entoa o lamento de negros que sofrem a partida do grande rei nagô. No disco *O Bidú*, uma canção saúda "O nascimento de um príncipe africano". Jorge está menos preocupado com uma denúncia histórica do que com a possibilidade de superar as máculas do passado através da construção de mitos e heróis. De retomar os elos com o nobre e idealizado passado africano, de príncipes e reis, pulando por cima do horror da escravidão.

A menção a um passado de reis e príncipes não é apenas uma fabulação da cabeça de Ben. Há muito de verdade histórica no que dizem suas letras. A escravidão foi, entre outras coisas, uma forma de castigo político. Nas guerras que ocorriam na África, entre reinos vizinhos, não era raro que os inimigos mais poderosos fossem capturados e vendidos como escravos para o Novo Mundo. No livro *Um rio chamado Atlântico*, o africanista Alberto da Costa e Silva conta que "em muitas partes, no seio da escravaria, reis e grandes chefes viveram e sofreram em segredo. Embora escravos, eles continuaram muitas vezes recebendo o respeito e a homenagem de seus súditos também no cativeiro". A seu modo, e como lhes era permitido, mediante rituais e cortejos fantasiados, os escravos procuravam preservar e continuar a África no Brasil. De fato, o "preto tipo A" dos Racionais poderia ser herdeiro da nobre linhagem de reis e princesas que habitam as canções de Ben. A glória do passado seria um dos elementos de embasamento do orgulho presente. Parece claro que o transbordamento de coragem e dignidade das músicas de Jorge — projetando-se sobre o contexto dos negros no Brasil — antecipou muito da atitude estético-existencial dos Racionais. E a regravação de "Jorge da Capadócia" pelo grupo paulista — verdadeira "canção de combate", que ritualiza uma espécie de "fechamento" corporal, para usar um termo do candomblé — é o testemunho eloquente disso.

Mas à parte a continuidade de alguns elementos importantes, ainda são gritantes as divergências, entre os Racionais e Ben, de concepção e visão a respeito do tema da negritude. Elas certamente refletem as diferenças de ambiente e de formação entre o Rio Comprido de Jorge e o Capão Redondo de

Brown, e entre a história de vida de cada um. Refletem também espíritos de época quase opostos: num movimento que leva da utopia dos anos 1960-70 à distopia dos anos 1990. Há muito mais a ser notado, obviamente. Mas um ponto parece crucial para demarcar tal diferença: a saber, que o reprocessamento do rock'n'roll, depois do soul e do blues, operado por Jorge Ben, foi feito a partir da tradição do samba. Seu internacionalismo e sua relação profunda com a música e a cultura norte-americana foram filtrados por um *ethos* musical de base.

Não podemos esquecer que o moderno samba urbano é formatado na virada dos anos 1920-30, ou seja, exatamente no momento em que se elabora o mito republicano do Brasil nacional popular. E a música popular (principalmente o samba), juntamente com o futebol, será uma instância decisiva na propagação desse mito. Mais do que isso: ela se torna esse mito; o mito passa a ser ela. A bossa nova o retoma e faz dele a expressão de um Brasil leve, avançado, moderno e no entanto docemente humano. Na geração seguinte, ele será abrigado sob o vasto guarda-chuva da MPB. A nobreza discretamente serena de Paulinho da Viola; a voz celestial do retinto Milton; o piano a um só tempo brasileiro e cosmopolita de Tom; o virtuosismo literário e os olhos azuis de Chico; as visões delirantes de Caetano: era uma só família, realizando musicalmente o encontro harmônico dos diversos *Brasis*. Todos cabiam sob o guarda-chuva. Na base de tudo o substrato do samba e do mito por ele carregado.

Embora baseada no modelo norte-americano, a visão racial de Jorge Ben evitava o conflito direto ou qualquer sentimento de ódio, ressentimento, desconfiança, preservando algo do ideal de país que calava fundo no imaginário da MPB. É como se ele quisesse que o negro tomasse consciência de sua cor, de sua história, de sua dignidade e orgulho, para poder, então, viver em paz, respeitado e sereno, no "país tropical abençoado por Deus e bonito por natureza". Jorge Ben "é o homem que habita o país utópico trans-histórico que temos o dever de construir e que vive em nós", escreveu Caetano. Sua estratégia artística foi positivar tudo. Conferir tamanho destaque e intensidade ao que há de luminoso na presença da África no Brasil de modo que isso termine por fazer recuar o que houve (e há) de horror na história dessa mesma presença. Da África compramos o grosso de nossos antepassados. E a lira épica de Jorge Ben quer construir uma história gloriosa para eles, e não meramente comiserativa.

No entanto, conforme os anos 1970 caminham para a frente, o próprio Jorge Ben parece ir intuindo a necessidade de mudança na atitude reivindicativa dos negros brasileiros. De um afastamento inevitável do tom macio, presente em versos como "negro é lindo, negro é amor, negro é amigo", para uma pegada mais tensa e conflituosa, mais violenta, que prenuncia uma possível ruptura com nossa tradicional cordialidade. Tal movimento pode ser flagrado de forma decisiva nas forças colocadas em ação em três interpretações distintas da canção que representa, em sua obra, o ponto de máxima formulação de uma mitologia negra: "Zumbi". Em nenhuma outra canção Jorge foi capaz de articular com tamanha potência sugestiva o passado, o presente e o futuro da África no Brasil. A famosa primeira estrofe evoca livremente os nomes dos reinos e regiões africanas que forneceram escravos ao Novo Mundo — Angola (de onde veio a maior parte dos africanos trazidos para cá), Congo, Benguela, Monjolo, Cabinda, Mina, Quiloa, Rebolo —, para logo depois situar o dramático cenário de "um grande leilão". Jorge presentifica a cena de cunho histórico situando a ação no aqui e no agora da narração — "*aqui* onde *estão* os homens *há* um grande leilão". Os "homens" que efetivamente participam do evento contrastam com a fragilidade dos boatos a respeito da presença de uma princesa entre os cativos, princesa "que veio junto com seus súditos, acorrentados em carros de boi". É impressionante a vivacidade da cena, a potência das imagens, a eficiência do jogo dramático. Em apenas alguns lances somos arremessados do mapa mundi africano ao centro nervoso de um mercado de escravos da colônia portuguesa. Jamais a escravidão foi (e jamais seria no futuro) tão explicitamente encenada numa canção de Ben.

A canção prossegue com a primeira sentença em primeira pessoa, manifestando um desejo do narrador, que também pode ser lido como advertência: "Eu quero ver... eu quero ver... eu quero ver..." Depois, a primeira estrofe é reiterada até a afirmação da presença dos "homens". Mas dessa vez somos transportados para o local de trabalho dos escravos. Saímos do espaço do leilão para o espaço rural das plantações: "De um lado cana de açúcar / do outro lado cafezal." Com duas breves pinceladas, Jorge cria na canção um espaço virtual que cobre quase quatro séculos da história econômica do Brasil: a passagem da civilização do açúcar ("de um lado") — alicerce econômico da colonização portuguesa nos séculos XVI e XVII — para a civilização do café ("do outro lado") — que dominou nosso comércio nos séculos XVIII e XIX. "Ao centro senhores sentados / vendo a colheita do algodão branco / sendo colhido por mãos negras." A imagem é extremamente plástica, com imensa ressonância de contrastes entre ação e repouso, escravos e senhores, mãos negras e algodão (lucro) branco. Ao mesmo tempo, traz uma síntese histórica que é, no mínimo, monumental: a fábula de um país erguido sobre o suor do escravo negro. E não apenas isso: ao indicar a presença do algodão, um produto que não chegou a ter peso econômico considerável em nosso período colonial, Jorge parece tomar de empréstimo em sua narrativa um elemento da história norte-americana (das famosas plantações de algodão no delta do rio Mississipi, onde surgiu a matriz que unifica toda a música negra nos EUA, o blues). Cria com isso um sentido pan-americano, que integra a presença africana nas Américas. Esse sentido é ampliado pela presença de rabecas no arranjo da gravação que a música recebeu em *A Tábua de Esmeralda*, trazendo certo sabor de folk americano para a canção.

Na parte final, o quadro da ação, simetricamente disposto, a um só tempo belo e injusto, é interrompido por novos apelos de um narrador em primeira pessoa, que dessa vez completa o enunciado de seu desejo: "Eu quero ver quando Zumbi chegar / o que vai acontecer." Zumbi é, portanto, mais uma possibilidade, um sonho, do que propriamente um herói em ação. Uma possibilidade poderosa, certamente, pois "Zumbi é senhor das guerras / senhor das demandas / quando Zumbi chega / é Zumbi é quem manda". Somente ele pode reverter o quadro de injustiça. Mas ao contrário do que acontece em quase todas as outras canções que Jorge Ben dedica a grandes personagens e heróis, ele *ainda não chegou*. Mesmo no espaço fictício da canção, a lenda histórica do temido guerreiro do Quilombo dos Palmares permanece circunscrita ao terreno mítico. "Zumbi" é, nesse sentido, uma das canções mais realistas de Jorge Ben, e, por isso, a que poderia se aproximar mais da visão exposta nos raps dos Racionais.

A música termina com o narrador reiterando diversas vezes o seu desejo em "ver" o mito de Zumbi encarnar na realidade, antes de retomar a declamação dos reinos e nações africanas

— um retorno ao lugar de origem da história dos negros no Brasil. É nesse ponto que a canção permaneceu, de certo modo, mais aberta a variações. Na primeira vez em que foi tocada em público, no ano de 1973, no festival *Phono 73*, "Zumbi" era uma balada encharcada de emoção. Contava de forma embargada a ancestral saga dos negros brasileiros, terminando num crescente, com apelos entre nostálgicos e desesperadamente esperançosos de "eu quero ve-ê-er...", e uma lenta listagem dos reinos africanos, cada nome sendo pronunciado como se fosse uma instância mágica, capaz de evocar por si uma espécie de força mística. A parte final da primeira apresentação de "Zumbi" marca um dos ápices da performance vocal na carreira de Ben. Da capacidade expressiva de uma voz que oscila entre a estabilidade e o caos, a doce melodia e o grito.

Cabe aqui um breve comentário sobre a voz e o canto "sujo" de Jorge Ben. Com seus gritos, grunhidos e gemidos, Jorge reproduz algo que também está na base do blues americano: a estilização musical de trejeitos vocais que permeavam o cotidiano dos escravos. Com eles, a música se torna mais convincente enquanto relato desse cotidiano e da experiência real de determinado grupo. O blues sempre esteve visceralmente ligado à condição do escravo negro nas fazendas do *Deep South* puritano. Expressava as preocupações dos descendentes de africanos na América do Norte. As canções serviam para expressar a experiência pessoal do cantor e indiretamente a experiência dos ouvintes que o cercavam. O bluesman era o porta-voz, o organizador dos pensamentos, opiniões e fantasias do seu grupo social. As blue notes das escalas, portadoras de estranha dissonância para os ouvidos pouco acostumados, os lamentos em falsete, os resmungos, os gemidos e os gritos expressavam vocalmente, em vocabulário comum, os problemas do dia a dia dos negros, como as relações amorosas e as dificuldades financeiras. A presença deles na música de certo modo amplia a dimensão discursiva do canto, traz veracidade ao relato vocal. Não à toa, um compositor como Bob Dylan, com suas longuíssimas e discursivas letras, explorou amplamente o uso desses ruídos — praticamente transformando o "resmungo" numa categoria estética. Na maior parte das culturas africanas o significado de uma canção deriva de sua letra, muito mais do que pela melodia, ritmo ou sequência de acordes. Sem palavras, um padrão sonoro perde muito do seu significado original. Melodias abstratas geralmente assumem significado somente através de processos de verbalização, com a projeção de palavras ou meras sílabas na sequência de alturas da melodia, criando analogias com os ritmos e tons da fala. Em outras palavras, não há música que não seja remetida de algum modo ao ato da fala e à própria sonoridade da língua.

Mas há ainda outro efeito fundamental que decorre do uso desses trejeitos vocais: é que eles são capazes de revelar mais nitidamente a figura humana e histórica que está por trás da voz, ou seja, o corpo que canta. Corpo que inevitavelmente traz as marcas de sua condição social. Jorge Ben conectou sua voz diretamente com os lamentos mais distantes da sofrida presença africana nas Américas. Com toda a exuberância de alegria que costuma caracterizar sua música, trouxe também um forte componente emocional, o tempero decisivo da grande dor negra, do lamento que vem "lá dos tempos de sinhá e de sinhô", um lamento "que o nego entoava pela noite" — como diz uma letra do seu primeiro disco, "Ualá, uala-lá". Tal elemento de dor acabou tornando a alegria emanada por sua música ainda mais cristalina e concentrada, posto que mais sábia e conhecedora das profundezas humanas. Uma alegria que não é erigida sobre o esquecimento, a alienação e a superficialidade vazia, mas que assimila todas as dimensões da existência... A grande obra artística é também uma grande síntese. De algum modo, está tudo lá. Em seus melhores momentos, a alegria da música de Ben vai muito além do oba-oba, da distração banal. Trata-se da transformação alquímica da dor em prazer, do infortúnio em potência criadora. Foi durante essa primeira performance de "Zumbi", em 1973, que um Caetano Veloso recém-chegado do exílio foi "bater a testa nos pés" de Ben, em sinal de reverência. E não à toa, em um disco inspirado no pensamento do abolicionista Joaquim Nabuco, nos anos 1990, o baiano regravou "Zumbi" equilibrando com perfeição o que nela há de síntese histórica e engajamento emocional.

No ano seguinte, em 1974, a canção apareceria em *A Tábua de Esmeralda* em sua versão clássica, com andamento mais acelerado e ares de aventura, evocando uma espécie de *western* brasileiro. O "algodão branco sendo colhido por mãos negras" me faz pensar em cenas do filme *Django*, de Quentin Tarantino, também ele baseando-se na fábula de um justiceiro negro. "Zumbi" tornava-se mais enxuta e distante, um pouco menos messiânica. Até que em 1976, no LP *África-Brasil*, a canção ressurgiu ferozmente modificada. A levada frenética e a voz esganiçada traziam para ela uma atmosfera pesada, reduzindo ao mínimo o lirismo e reforçando seu conteúdo de "demanda" premente e irrevogável. É como se os quadros da escravidão fossem agora pintados com tintas expressionistas, que visavam expor o que neles havia de simples absurdo histórico. O instrumental eletrificado, volumoso, com guitarra e bateria, tornava mais impetuosa e violenta a energia da canção. O "eu quero ver" já não soava como sonho utópico e conciliatório, mas como franca ameaça, quase um clamor por vingança. Jorge de certo modo antecipava a "fúria negra" dos Racionais, aproximava-se da agressividade dos movimentos negros norte-americanos. Começava a adentrar um terreno perigoso. Conta-se a anedota de que, certa vez, ao evocar essa versão frenética de "Zumbi" na guitarra, Jorge teria percebido que o anel que trazia no dedo, um presente que sua mãe — a lendária Sílvia Lenheira — tinha lhe dado antes de morrer, havia se partido ao final da canção. Ficou impressionado. Depois disso nunca mais a tocou.

Bibliografia básica

Attali, Jacques. *Bruits: Essai sur l'économie politique de la musique*. Paris, Fayard, 2001.

Cícero, Antonio. *Finalidades sem fim: Ensaios sobre poesia e arte*. São Paulo, Companhia das Letras, 2005.

De Araújo, Ricardo Benzaquen. *Guerra e paz: Casa-grande & senzala e a obra de Gilberto Freyre nos anos 30*. São Paulo, Editora 34, 1994.

Freyre, Gilberto. *Casa-Grande & Senzala: Introdução à história da sociedade patriarcal no Brasil — 1*. Rio de Janeiro, Record, 2000.

_____. *Sobrados e mucambos: decadência do patriarcado rural e desenvolvimento do urbano*. São Paulo, Global Editora, 15ª ed.

Hall, Manly. *The Secret Teachings of All Ages*, edição para Kindle.

Huttin, Serge. *História geral da alquimia*, edição para Kindle.

Jourdain, Robert. *Music, the Brain, and Ecstasy: How Music Captures Our Imagination*. William Morrow Paperbacks, 2008.

Kehl, Maria Rita. Radicais, raciais, racionais: A grande fratria do rap na periferia de São Paulo. In. *São Paulo Perspec.* vol.13, nº 3, São Paulo jul/set., 1999.

Meyer, Leonard B. *Emotion and Meaning in Music*. Londres, The University of Chicago Press, 1956.

Miller, Henry. In. GHISELIN, Brewster (org.), *The Creative Process: Reflections on Invention in the Arts and Sciences*. California, University of California Press, 1997.

Remnick, David. *O rei do mundo: Muhammad Ali e a ascensão de um heróí americano*. São Paulo, Companhia das Letras, 2011.

Rezende, Renato Santoro. *Jorge Ben: um negro na MPB nas décadas de 1960-1970*. 2012. Dissertação (Mestrado em música) — Programa de Pós-Graduação em música, Centro de Letras e Artes, Universidade Federal do Estado do Rio de Janeiro.

Risério, Antonio. *A utopia brasileira e os movimentos negros*. São Paulo, Ed. 34, 2007.

Rodrigues, José Carlos. *O corpo na história*. Rio de Janeiro, Fundação Oswaldo Cruz, 1999.

Sovik, Liv. *Aqui ninguém é branco*. Rio de Janeiro, Aeroplano, 2009

Steiner, Rudolf. *Mystics of the Renaissance and Their Relation to Modern Thought*. Edição para Kindle.

Stravinski, Igor. *Poétique musicale*. Paris, Flammarion, 2000.

Tatit, Luiz. *O cancionista: Composição de canções no Brasil*. São Paulo, Editora da Universidade de São Paulo, 2002.

Toulmin, Stephen. *Cosmopolis: The Hidden Agenda of Modernity*. Chicago, The University of Chicago Press, 1990.

Veloso, Caetano. *Verdade tropical*. São Paulo, Companhia das Letras, 2008.

_____. *O mundo não é chato* (Eucanaã Ferraz org.). São Paulo, Companhia das Letras, 2005.

Webster, Charles. *From Paracelsus to Newton: Magic and the Making of Modern Science*. Cambridge, Cambridge University Press, 1982, edição para Kindle.

Wisnik, José Miguel. *O som e o sentido*. São Paulo, Companhia das Letras, 1989.

Zé, Tom. *Tropicalista lenta luta*. São Paulo, Publifolha, 2003.

In memoriam

Sílvia Azevedo — a "tia Sílvia" —, que sempre vibrava com minhas rea-lizações, e Heloísa Carvalho Tapajós — a "Iolô" —, amiga querida com quem tive a alegria de trabalhar num documentário sobre Jorge Ben.

© Editora de Livros Cobogó, 2014

Editoras
Isabel Diegues
Barbara Duvivier

Editora assistente
Julia Barbosa

Organização da coleção
Frederico Coelho
Mauro Gaspar Filho

Coordenação de produção
Melina Bial

Assistente editorial
Catarina Lins

Revisão
Michele Sudoh

Capa
Radiográfico

Projeto gráfico e diagramação
Mari Taboada

CIP-BRASIL. CATALOGAÇÃO-NA-FONTE
SINDICATO NACIONAL DOS EDITORES DE LIVROS, RJ

S58t Silva, Paulo da Costa e
2. ed.   A tábua de esmeralda : e a pequena renascença de Jorge Ben / Paulo da Costa e Silva. - 2. ed. - Rio de Janeiro : Cobogó, 2024.
136p.; 19 cm. (O livro do disco)

ISBN 978-65-5691-144-1
1. Ben, Jorge, 1945-. 2. Cantores - Brasil - Biografia. 3. Música popular - Brasil. I. Título. II. Série.

14-17481   CDD: 927.8042
              CDU: 929:78.067.26

Todos os direitos reservados à
Editora de Livros Cobogó Ltda.
Rua Gen. Dionísio, 53, Humaitá
Rio de Janeiro, RJ, Brasil –22271-050
www.cobogo.com.br

O LIVRO DO DISCO

Organização: Frederico Coelho | Mauro Gaspar

The Velvet Underground | **The Velvet Underground and Nico**
Joe Harvard

Jorge Ben Jor | **A tábua de esmeralda**
Paulo da Costa e Silva

Tom Zé | **Estudando o samba**
Bernardo Oliveira

DJ Shadow | **Endtroducing...**
Eliot Wilder

O Rappa | **LadoB LadoA**
Frederico Coelho

Sonic Youth | **Daydream nation**
Matthew Stearns

Legião Urbana | **As quatro estações**
Mariano Marovatto

Joy Division | **Unknown Pleasures**
Chris Ott

Stevie Wonder | **Songs in the Key of Life**
Zeth Lundy

Jimi Hendrix | **Electric Ladyland**
John Perry

Led Zeppelin | **Led Zeppelin IV**
Erik Davis

Neil Young | **Harvest**
Sam Inglis

Beastie Boys | **Paul's Boutique**
Dan LeRoy

Gilberto Gil | **Refavela**
Maurício Barros de Castro

Nirvana | **In Utero**
Gillian G. Gaar

David Bowie | **Low**
Hugo Wilcken

Milton Nascimento e Lô Borges | **Clube da Esquina**
Paulo Thiago de Mello

Tropicália ou Panis et circensis
Pedro Duarte

Clara Nunes | **Guerreira**
Giovanna Dealtry

Chico Science & Nação Zumbi | **Da lama ao caos**
Lorena Calábria

Gang 90 & Absurdettes | **Essa tal de Gang 90 & Absurdettes**
Jorn Konijn

Dona Ivone Lara | **Sorriso negro**
Mila Burns

Racionais MC's | **Sobrevivendo no inferno**
Arthur Dantas Rocha

Nara Leão | **Nara — 1964**
Hugo Sukman

Marina Lima | **Fullgás**
Renato Gonçalves

Beth Carvalho | **De pé no chão**
Leonardo Bruno

Os Paralamas do Sucesso | **Selvagem?**
Mario Luis Grangeia

2024

2ª edição

Este livro foi composto em Helvetica.
Impresso pela Imos Gráfica e Editora,
sobre papel Offset 75g/m².